JN077031

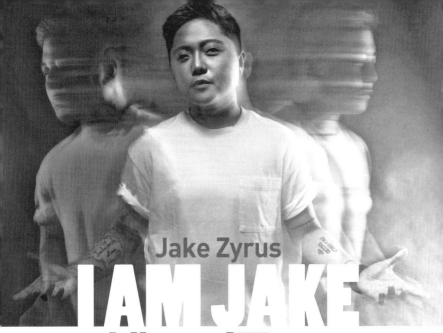

Jake Zyrus

I AM JAKE

歌姫の仮面を
脱いだ僕

シャリース　ジェイク

ジェイク・ザイラス【著】　藤野秋郎【訳】

柘植書房新社

When I woke up in
the hospital, my first
impulse was to look
down at my chest,
They were gone.

病院で目覚めて自分の胸を見下ろした時は衝撃だった
僕は男になっていた

I am Jake

Text copyright © 2018 Jake Zyrus

Photographs © 2018 Javier P. Floes

Pblished by ANVIL PUBLISHING, INC.

Translation copyright © 2018, by

Japanese translation rights arranged with Akiro Fujino

Contents 目次

CHAPTER 1

Awakening
目覚め

I was so proud of myself and the
fact that I was finally being me after
all those years of pretending to be
somebody I was not.

なんだか晴れ晴れしたような気分だった。
何年も他人のフリをしてきたけれど、もうそんな必要はなく
なったんだ。

乳房が無くなった。最初は信じられなかったけれど。

包帯の下にあるのは平らな胸なんだという実感が湧いてくるにつれ涙が溢れてきた。ずっとこの時を待っていたんだ。長い間、自分で自分の体がしっくりこないと思ってきたけれど、やっとこれが僕の体なんだって思えるようになった。乳房の切除手術を受けようと思ってから６年、あまりに長い道のりにもうヘトヘトだったけれど、手術の後はとても満ち足りた気分だった。

一人で感慨に耽っていると親友たちがどっと詰め掛けてきた。マネージャーのカール、付き人のダイアナ、パートナーのシャイア、従兄弟のレスタット、そして仲良しのジャヤン。みんなが「ハッピーバースデー」を歌いながらベッドの方に集まってきた時にはさすがに泣けたよ。５人は６時間もかかった手術の間、ずっと外で待っていてくれたらしい。

2017 年 3 月 29 日は『新しい僕』の誕生日になった。みんなが小さなケーキを持ってきてささやかなお祝いをしてくれたんだ。

乳房の切除手術が成功して僕の体は本当の僕、ジェイク・ザイラスになった。ジェイクはこれまで天才シンガー「シャリース」という仮面の下にずっと隠れていたんだ。

僕が病室で目覚めるのはこれが初めてじゃない。これまでに３度、僕は持っていた大量の睡眠薬を飲み込んで自殺しようとした。その度に病院に担ぎ込まれたんだ。

僕が『シャリースでいた頃』は日付変更線を行ったり来たりして遠い海外のいろんな場所でステージに立つ毎日だった。

もちろんそれは多くの若いシンガーにしてみれば、なかなか叶わない夢のような体験なんだけれど、僕は大きな『時差』にいつも悩まされるばかりだった。

きらびやかで夢のような日々だったけれど、僕の心はずっとむなしかった。ステージが終わるといつもさっさとホテルに帰り、明かりを落とした部屋のベッドに横たわってこのまま目覚めなければいいのにって思っていたんだ。もちろん、いつかスーパースターになってスポットライトを浴びてみたいと思っている世界中の女の子達からしたら、なんて馬鹿なことをって思うかもしれない。

けれども僕にとってはそれが一番だった。

僕は普通の女の子じゃなかったから。

そう、そもそも僕は『女の子じゃない』んだ。

僕は男の子なんだ。

しかし表向きは女の子のフリをしていなけりゃならなかった。そんな日々は少しずつ僕を蝕んでいった。

だから僕は

「いっそのこと死んじゃった方が手っ取り早いや」

と思ったんだ。

3回目に自殺を図った時、気が付いてみるとそばにデイヴィッド・フォスターが立っていた。

伝説のミュージシャン　デイヴィッドはひょんな事から僕をプロデュースすることになり、おかげで僕はスーパースターになれた。

プロデューサーとしてのデイヴィッドは完璧主義者だった。

僕は英語の発音やちょっとした言い間違いまで容赦なく指摘されていた。もちろんそれは僕のためを思ってのことだったんだけれど。

しかしその夜はちょっと様子が違った。僕はデイヴィッドがこんなにも心もとなそうな表情をしているのをはじめてみた。多分デイヴィッドは僕が本当にヤバイ状態だってことがわかったんだと思う。

「もう生きていたくないよ」

僕は泣きながらそう呟くのがやっとだった。

デイヴィッドはひどく仰天したに違いないけれど、僕の目の前では必死に平静を取り繕っていたのがわかった。

その夜、僕たちにはステージの予定が入っていたけれど、デイヴィッドは

「今日はキャンセルしようか？」

って言ってくれた。

僕はどん底な気分だったけれど、ステージだけは予定通り立つと言って聞かなかった。

だってそのツアーの名前は『デイヴィッド・フォスター　アンド　フレンズ』だよ。僕はなんて『フレンズ』が一人足りないの？　ってデイヴィッドのファンをがっかりさせたくなかったんだ。

僕の『芸能人根性』がそれを許さなかったんだ。

体も精神も最悪だったけれど、デイヴィッドの言葉で僕は立ち直れた。

「今日はなんでも好きな衣装を着ていいよ。パンツスタイルでもスニーカーでも、髪型だって！」

だからその夜僕は生まれて初めて『僕自身』としてステージに立った。もちろんまだ『完璧な僕』にはなっていなかったけれど……。

その頃は僕はまだデイヴィッドにはカミングアウトしていなかった。けれどもデイヴィッドは僕が衣装を選んだりしているのを見てすぐに何もかもわかったんだと思う。

ステージは最高にハイテンションだった。ファンもいつも以上にノッてくれた。

会場はシンガポールにある1950席のエスプラナード・シアター*で、ステージの模様はインターネットにビデオもアップされている。

> *エスプラナード・シアター（Esplanade Theater）：2002年にオープンしたシンガポールの湾岸沿いにあるパーフォーミングアート施設。

詰めかけたファンもビデオを観た人たちも、ステージに立っているシャリースが本番直前に自殺を図っていたとは夢にも思っていなかっただろう。

けれども噂はどこからか漏れるようで、メディアはそれを打ち消すために

「シャリースは軽い食あたりのため病院で検査を受けた」

ってやっきになって報道していた。

乳房の切除手術から目覚めた時の気分はシンガポールでデイヴィッドに見守られながら気が付いた時とは全く違っていた。もう何も落ち込んだり不安にかられたりするものはな

かった。

以前なら

「なんで僕はまだ生きてるんだい？」

と僕に皮肉な人生を与えた神様に愚痴の一言もこぼしていた

ところだ。

神様は男の子の心を間違って女の子の体に植えつけた。神様

が与えてくれた天性の歌声で僕はスーパースターになったん

だけれど、皮肉なことにそれは僕が『女の子でいる間だけ』

使える魔法のようなものだったんだ。

手術の日、僕は痛みと幸福感が交錯していたけれど、心を許

せる仲間に囲まれてやっと気づいたんだ。

僕はまだ生き続けるべきだったんだと。

神様が本当の僕としてもう一度人生を歩み直すことをお赦し

になったことに心から感謝している。

僕は特定の宗教を信仰しているわけじゃないけれど、神様の

存在は信じているんだ。

2017年3月29日は6年前になんとなく立てた目標が実

現した日でもある。

6年前、僕は遅くとも25歳までに男として生まれ変わると

いう目標を立てた。なんだかんだで延び延びになっていたけ

れど。

無理に急いでいたわけでもなかった。そもそも25歳までと

いうのは絶対の期限と思っていたわけでもない。けれども手

術が終わってみると、結果的に6年前に思い立った通りに

なった。何もかもがぴったりのタイミングだった。

男として生まれ変わる目標を立ててからは疑心暗鬼の連続
だった。
手術を終えるまでの数年間、僕の中ではいつもアイデンティ
ティが揺らいでいた。
そんな時カールがそばにいてくれて本当に良かった。
カールは僕の親友であり、いまでは僕のマネージャーを務め
てくれていて、それももう4年になる。彼女はいつもそばに
いて自分が何者なのかを見定めようともがく僕を支えてくれ
たんだ。
彼女はもともとはコンサートにいつも足を運んでくれていた
僕のファンだったけれど、2016年のある日、僕は彼女をマ
ネージャーに抜擢した。
カールはいつもブカブカのシャツにジーンズ、スニーカーと
いう出で立ち。ショートヘアーの髪を後ろになでつけていた。
彼女はタフガイで、ガールフレンドもいた。彼女はいわゆる
『マッチョ』と言われる連中とも連んでいたんだ。
一度、カールが僕と同じように自分自身のことを男と思って
いるのだろうかと尋ねてみたことがある。
しかし予想外の言葉が返ってきた。
「私は自分の女の部分を気に入ってるし、もちろん自分のこ
とを女だと思ってる」
カールは仕事上で会う人たちが彼女の外見を見て自信無さげ
に「マダム」とか「サー」とか恐る恐る呼びかけるのを好ま
なかったので、「私のことはボスって呼んでちょうだい」と

吹聴していた。

カールは外見こそ僕と同じでも僕のそれとは違う性的指向を持っていたし、性別って女・男・バクラ*・トンボイ**だけじゃないんだってことも教えてくれた。

> ＊バクラ（Bakla）：フィリピンでは男性の肉体を持ちながら女性的な立ち振る舞いをし、男性を恋愛対象にする、あるいは友人関係を主に女性に求める人たちをバクラという。
> ＊＊トンボイ（Tomboy）：バクラの対義語

だから思い切って外科手術をして男の体になろうと決めた時、カールは僕にとって絶対に必要な存在になっていたんだ。

＊

僕は性別適合手術*を受けようと思いたった日のことをはっきり覚えている。

> ＊性別適合 (transition)：男性から女性へ (その逆も) 性別移行することを日本ではこれまで「性転換」と呼ばれてきたが、近年は性転換は適切な表現ではなく「性別適合 (手術)」が正しいとされている。
> このため原文の「transition」という単語は「性別適合」と訳出するのが適切かと思われたが、性別適合を英訳すると「(sexual 又は gender) reassignment」となる。
> こうした訳出上の齟齬が発生することを原著者と共有、「transition」を「性別適合」とすることを本注で補足説明することとした。
> 以降、原文で「transition」とある部分は「性別適合」「性別移行」とし、文脈上特に必要と思われる部分ではそれ以外の短い訳語も使用している。

その朝、僕はとてもすっきりと目覚めた。

何年も逡巡したけれど、やっと自分の思った通りにすればいいと確信できた。その途端、もう他人がなんと言おうが気にならなくなった。

カールとダイアナが来てくれて一緒に眠った。僕は自分の人生を大きく変えようとする時を二人の親友と過ごすことができたんだ。

寝顔をそばでじっとみているといても立ってもいられなくなり、僕は二人をゆり起こした。

のちにカールは

「大好きなご主人様にまとわりついてペロペロ舐めて起こす飼い犬みたいだったわよ」

とその時の僕の様子を犬になぞらえていた。

「ちょっと聞いてよ！」

「僕は手術をするよ！」

やっとこさ起き出した二人に僕は自分の思いを語り始めた。

カールは僕が話し終わると間髪入れずに返してきた。

「決まりね！」

カールはどんな時も僕の味方なんだ。

僕たちは早速行動に移した。

カールはマカティ＊中の病院に連絡を取って、手術のために必要なこと、費用から手順にいたるまで細かく調べてくれた。

僕のことがバレないように、カールは自分が手術を受ける「フリ」をして病院へ行き、医者や看護師が実際に診察を始める

寸前まで様子を伺った。全てがクリアになればすぐに始める
つもりだった。

*マカティ（Makati）：メトロマニラにある商業都市。近年タギッグ
　シティのグローバルエリアなどにその機能を移転しつつあるが、
　現在も多くの大企業の本社機能や大型商業施設、高級ブティック
　やレストランが立ち並ぶエリア。

カールはマニー・カラヤン先生のところへ行った。
マニー先生は無料で手術をすることを申し出てくれた。その
代わりとして僕が「マニー＆ピエ　カラヤン　クリニック」
のブランドアンバサダー、つまり広告塔となることが条件だ。
「ぜひ我々にあなたの新たな人生の旅立をお手伝いさせて下
さい」
マニー先生は僕にこう言ってくれた。

マニー先生は落ち着き払った人物だった。
きっと手術ではどんな箇所でも適切な処置ができるので、そ
れが自信となって患者に安心感を与えるのだろう。ともかく
僕とカールが乳房の切除手術をしてほしいと伝えたところ、
とても穏やかに対応してくれたことに感謝している。
「ああ、それなら何も特別なことはない、事例も多い手術で
すよ」
とマニー先生。
そうは言っても実際にマニー先生の手術を受けるまでには
様々な事前準備があった。僕はいろいろな検査を受けた。血
液検査、胸のレントゲン、心肺機能、その他にもいっぱい。
結果がどう出るかわからない。

僕はカールに言った。

「たとえ検査で癌や何かの病気が見つかっても、手術はうけるつもりだよ」

僕はこの時を逃すと他にないと思ったんだ。

もう病院のベッドで塞ぎ込んだり、体調が悪くて落ち込んだり、治りもしない診療に無駄にお金を使ったりするのはゴメンだった。

もし検査結果で僕に何か病気が見つかったりしたら余計に手術をしてしまいたくなっただろう。

しかし幸いなことに検査の結果どこにも異常はなかった。それどころか僕の体はベジタリアンよりも健康だそうだ。

次は心理テストだ。

僕が心の準備がちゃんとできているかどうかを調べるもので、先生は僕に今まで経験してきたことを絵に描かせたり、それについて話させたりした。この検査では僕がどんな人間であったか、そして今は……患者に鬱や不安、自殺願望など内向的な面があるかどうかがわかるらしい。

それから、僕が正当な理由なく手術を受けようとしているのではないということを証明するためのテストも受けた。

これは過去に土壇場になって手術が受けられなかったことがあったからだ。その中には付き合っていた男性がゲイで、彼が男のもとに走ってしまったことのショックが原因で自分も男になるための手術をしようとした女性の例が多くあったらしい。

だから少なくとも 3 回は心理テストを受けることが義務付け

られていて、さらに後戻りできない段階に進む前にもう一度考え直す時間が与えられるんだ。僕の場合は2回目のテストで心理学者に僕が自分の人生を変えてしまう手術を受けられることを保証してもらえた。

一ヶ月半の事前準備のあと、ついにその時はやってきた。

人が何かを欲した時、そしてそれが自身にとって本当に意味のあることだと悟った時、その人の人生はなんと早くその目標に向かって進んでいくことか。

僕はマニー先生の白い手術室の真ん中で4人の医師に囲まれて座っていた。

手術室はカラフルな色で溢れていて、棚には赤、青、緑の鮮やかな箱が置かれていたし、銀色の容器や器具、黒い革製の手術台もあった。僕は淡いグリーンの病衣を纏っていた。

先生は触診のため僕の病衣を脱がせた。

最初、マニー先生は僕が目覚めた時、手術で平らになった胸を本当に受け入れられるかどうか心配していた。

僕は心理テストをパスしていたけれど、それでも彼はもし僕が少しでも躊躇しているようなら思いとどまれるように機会を与えてくれたんだ。

僕はきっぱり答えた。

「もちろん！　覚悟はできています！」

マニー先生は、術後に残るかもしれない傷のことも念押しした。

僕にとっては手術を受けることが何よりも大事だった。

その結果、体に傷が残っても一向に構わなかった。

この日ばかりは何を言われてもだれにも僕を止めることはできなかっただろう。

手術の直前、医師たちは術式について話し合っていた。
乳がんの手術で乳房を全部切除する場合、通常は大胸筋も一緒に取り除くのだが、そうすると胸にシャベルで掘ったような不格好な窪みが残るらしい。僕の場合は皮下の乳房だけを切除して大胸筋は残す手術をするそうだ。
マニー先生は僕の胸は手術の後腕立て伏せ一回もできない子供時代のようになってしまうが、男性ホルモンを投与すればすぐに回復すると説明してくれた。
それを聞いて僕は将来のたくましくなった姿が頭に浮かんできた。
もうすぐ理想だった男の体になれるんだ。
医師たちは縫合は乳輪のわずか内側ですることにした。濃い色の皮膚のほうが傷跡が目立ちにくいからだ。
打ち合わせが終わるとすぐ、先生は僕を手術台に上がるよう促した。

「気分はどうだい？」
マニー先生は白い光輪を頭につけて僕を見下ろしながら尋ねた。
「ワクワクしています、先生！」
僕が覚えている最後の瞬間だった。
全身麻酔で眠ってしまう前に、先生が拒否反応を抑えるための鎮静剤を注射した。

もう何も恐れるものはなかった。僕は手術室でちょっとした
プライベートコンサートだって開くことができるような気分
だった。
先生たちは冗談で眠ってしまう前に何か歌ってくれよと頼ん
できた。
「もちろん！　何がいい？　なんでも歌うよ！」

マニー先生が言うには僕はただ歌っただけじゃなかった。
僕は思いっきり声を振り絞ってレディ・ガガの『Born This
Way』を歌い上げたそうだ、まるで一万人の聴衆が集まった
ステージに上がっているみたいに。けれどもなんでこの曲を
選んだのか僕にはわからない。この曲は、持って生まれた自
分の体を受け入れられない者にとってはとても皮肉な歌だか
ら。
もしかしたら僕は無意識のうちにこの曲を選んだのかもしれ
ない。だって僕は男の心を持って生まれてきたんだし、この
手術室に入った時点でもう僕の体は完全に男なのだから。ぼ
くはこの歌を自分自身のために歌ったんだ。
シャリースは高くて力強い声で観客を圧倒させたけれどあの
声は本当は自分のものじゃなかったんだ。
歌い終わった時、ブツブツとありがとうって呟いていた。
「お礼を言うには早いよ」
「まだ何にも始まっちゃいなんだから」
マニー先生が言うと僕は
「先に言わせといてよ」

と答えたらしい。

鎮静剤を打ってからのことはマニー先生が後で教えてくれた
ことなんだ。
しかしもしそれがマニー先生の作り話で本当はただ眠ってし
まっただけだったとしても、僕は自分が何者なのかわかって
いた。
僕はもうシャリースじゃないんだ。

＊

僕は体が痛いことには慣れっこになっている。
ママに躾だといってベルトのバックルとかでしょっちゅう
引っ叩かれていたから。ママが手にするのは箒でもフライパ
ンでもハイヒールの踵でも、とにかく近くにあるものならな
んでもよかった。
だから僕は少々痛くっても泣いたりしないようになっていた。
実際、タトゥーを初めて入れた時だって痛くも痒くもなかっ
たよ。今僕は21個タトゥーを入れているけれどもっと入れ
るつもりさ。
それに僕は爪を噛むというイヤな癖もあった。ちょっと気分
が不安定な時は血が滲んでくるまで爪を噛んでいた。
こんな風に痛いのには慣れっこだったから乳房の切除手術
だって大したことないさって思っていた。しかしそれは大間
違いだった。手術の日からしばらくは、ありえないくらいの
痛みが続いた。
僕の胸からはまだ残っていた麻酔液がじくじく流れ出ていた。

退院した時も僕の体にはまだ２本の管が繋がったままだった。ビニール製のチューブが僕の胸に刺さっていてチューブの反対側に繋がっている楕円形のポンプで余った体液を吸い出していたんだ。

それは医者の間では『グラナダ（ザクロ）』って言われているみたいだけれど、カールは胸が次第にしぼんでいくのに合わせて膨らんでいく二つのボールを見て面白がっていた。それはまるで搾乳機みたいだった。ボールを凹ませて空気を抜き、手を離すと体液がチューっと吸い出しされていくんだ。医者は吸い出された体液を『サバウ』＊と呼んでいた。

　＊ Sabaw：フィリピンの伝統的な食べ物。肉や魚、時には酸味のある植物などから採っただし汁。日本の味噌汁にあたる。

ボールが満タンになったら体液をトイレに流してまた胸に装着するんだ。それはまるで２本の鋭いナイフが体に突き刺さっているような感覚だった。ちょっとでも動いたら体が裂けてしまいそうなほどの激痛が走った。横になっていても痛みは襲ってきた。まるで大きな岩が胸を圧迫しているようだった。

それだけじゃない。その岩は僕の体の中にとぐろを巻くように入り込んで繋がっていた。立ち上がっても座っても常に激痛が走ったし、笑うことすらできなかった。何をするにもこの痛みがついて回ったんだ。硬いものを噛んで食べることすらできなかった。

ほとんど歩くこともできなかったから、僕は極力移動距離を短くすることに努めた。カールと一緒にベッドをトイレの近

くに移動させた。階段の上り下りができなかったんだ。

胸の体液を吸い取るのに3日かかったけれどその間はずっとベッドの上だった。

けれども一番辛かったのは吸引チューブを抜く時だった。

次に病院に行った時のことだった。先生は曲がりくねったチューブを僕の体から引き抜いた。まるで長い長いナイフをゆっくりと胸から引き抜いているみたいだった。僕は声にならない叫び声をあげていた。

先生がチューブを抜き取っている間、僕の胸からは血が溢れ出ていた。

チューブが完全に抜き取られてからも胸にあいた小さな穴から血が滴り落ちていた。僕の胸は殴られた時にできる青アザのようになっていた。

ちょうど先生が傷跡を縫い合わせようとしていた時、カールがやってきた。

先生は麻酔なしで縫合しようとしていたんだ。

「まだ麻酔液が胸の中に残ってるから痛くはない、大丈夫だ」と言ってくれたけれどとんでもない。針と糸が皮膚を縫う時、僕は身体中を突き刺されているような感覚だった。

目を細めてキッと歯を食いしばりながら僕は

「まだかい？　まだ終わらないのかい？」

と叫び続けていた。

縫合にかかった時間はせいぜい10分ほどだったけれど僕にはこの痛みは一生続くんじゃないかと思えたほどだった。

痛くて傷跡も残ったけれど、僕の心はそれすら忘れさせるほ
どの幸福感に包まれていた。胸の青あざが引き、縫合の跡が
目立たなくなってはじめてマニー先生がいかに素晴らしい手
術をしてくれたのかがわかった。それはもう完璧という他な
かった。

治療が完全に終わると、僕は外に出かけたくなってきた。
ちょっと近所に買い物に行くだけでとても幸せな気分だった。
なんだか晴れ晴れしたような気分だった。

何年も他人のフリをしてきたけれど、もうそんな必要はなく
なったんだ。

嬉しくてたまらない僕は家でじっとしていられなくなった。
（ったくバカだな！　何やってんだよ、こんなところで！）
僕はぐずぐずしているのが信じられないという口調で自分に
ハッパをかけた。

さあ出かけるんだ！　みんなのところへ！

＊

手術から３週間経って僕は男性ホルモンの投与を始めた。最
初は３ヶ月に一回だったけれど最近になって２ヶ月半に一回
のペースにした。最終的にホルモンバランスがベストの状態
になるまで続けるんだ。

ピア先生が僕のお尻に注射針を刺して毎回きっかり５分間ホ
ルモンを注入した。

彼女はホルモンが僕の体に満遍なく行き渡るよう左右のお尻
に交互に注入した。

ホルモン剤が注射針からだんだん体に染み込んでいくときは

ちょっとズキズキした。

ホルモン剤を打ち始めるとすぐに声がしわがれてきた。2週間ほどすると今度は声が低くなってきた。まるで思春期の男の子の「声変わり」みたいだった。
みんなびっくりした様子で尋ねてきた。
「シャリース、あの高くてパワフルな声はどうしちゃったの？」
口に出して尋ねない人も気にはなっていたに違いない。
みんなは僕が自分をスーパースターにしてくれた天性の歌声を捨ててしまおうとしていることに困惑していた。
声がだんだんしわがれていって男の声になっていけばいくほど僕はより幸せな気分になってるなんて誰にもわからなかったろうな。声が変わっていくにつれて僕は自分が本当の自分自身になっていっていることを実感できたんだ。
みんなは僕がホイットニー・ヒューストンやセリーヌ・ディオンのヒット曲を『シャリースみたいにうまく歌える男性シンガー』になろうとしてるとでも思ったのかもしれないけれど、世の中にはすごい実力を持った女性シンガーがいっぱいいるんだからもういいじゃないか。
とにかく「声変わり」は性移行の過程の一つだったし、それを受け入れるというより僕の方から熱望していたものだったんだ。
まだ声が変わっていく途中で開いた内輪のショーでこんなことがあった。
そこで僕はショーン・メンデスやエド・シーランを歌ったんだけれど、僕はもう肉体的にもボーカル的にも男性シンガー

の曲が歌えるようになっていたことに気づいたんだ。これは
僕にとってすごく大きなことだった。自ら望んだこととはい
え、声を低く変化させることは相当難しいって思っていたか
らね。

２、３ヶ月したら僕の声にはもっと男性的な深みがついてき
た。

＊

フィリピンで他のシンガーと一緒にリハーサルをしていた時
だった。一人のボサノバシンガーが僕の声が劇的に変わった
ことに気づいたんだ。

仲良しのシンガーで既にトランスジェンダーとして活躍して
いたアイス・シグエラ*が

「彼は今ティー（Transition の頭文字）をやってる最中なん
だよ」

って説明してくれたんだけれど、件のボサノバシンガーは意
味がよくわからなかったのか、

「それってなんていう『紅茶』なの？」

これにはみんな爆笑だった。

　　＊アイス・シグエラ（Ice Seguerra）：1983 年生まれのシンガー・ソ
　　　ングライター、俳優。女優として子役でデビュー、シンガーとし
　　　ても美しい歌声で人気となる。2014 年にトランスジェンダーであ
　　　ることを公表し男性アーティストとしてその年の 12 月に女優リ
　　　サ・ディーニョ（Liza Diño）と結婚。デビュー当時のステージネー
　　　ムはアイザ・シグエラ（Iza Seguerra）。

フェイスブックには

「声の変化は男性ホルモンの投与によるものでそのうちヒゲも生えてくる。でも全然気にしていないよ」
って書き込んでおいた。

ぼくの性別移行もいよいよ最終段階までやってきた。
2017年8月頃、僕は生理用ナプキンを使うことをきっぱりやめた。もう使う必要がなくなったんだ。そのことに気づいた時、素晴らしく解放された気分だった。
調子に乗ってこんな独り言を呟いたりしたものさ
『そのナプキン、どこかにやってくれないかな。君のだろう、それ？　僕には必要ないんだからさ！』

*

同じ月、僕は手術後初めて地元メトロマニラを離れてフィリピンの地方都市でショーをした。
ルソン島北部カガヤンバレーのサンタ・テレシータという町にある教会のエンジェルさんという神父が僕を呼んでくれたんだ。
「本当ですか？　本当にジェイクをゲストに招いてくれるんですね？」
カールは何度も念を押した。
神父が本当に僕のことをシャリースとしてではなくジェイク・ザイラスとしてイベントのゲストに呼ぼうとしているのか半信半疑だったんだ。
僕たちは、ショーに来てくれたファンが僕がもうみんなの見たがっていた「シャリース」じゃないってわかったらガッカ

28

リするんじゃないかと思っていたから。

神父は迷わずこう言ってくれた。

「心配ないですよ、カール。ジェイクさんのことは全て承知していますよ」

印象的だったのは、カールとのメールのやり取りの中で神父が僕の性別を間違えて入力した時のことだ。

神父はメールの中で僕のことを『彼女（She）』と打ってきた。間違いに気づいた彼は即座に訂正して

「すみませんでした。『彼（He）』でした」

と再送信してくれた。

彼は神父の名に恥じない人物だった。

神父と話した時、こんな風にも語ってくれた。

「あなたの思った通りにすればいいんですよ。世の中には人を傷つけるような過ちを犯してしまう聖職者もいるが、私は見た目や思想信条でその人のことを決めつけたりはしません。私は本当の自分自身として生きるあなたをサポートします。」

ギャラは高くなかったけれど、とにかく僕はショーに出ることにした。

だって初めて僕をジェイク・ザイラスとしてゲストに招いてくれたんだからね。

正直ちょっと緊張していた。シャリースとしてステージに立つ方がずっと楽だった。シャリースなら観客を巻き込むことなんてなんでもないことだったから。特にオプラ・ウィンフリーとエレン・デジェネレスのショーに出てからは。

しかし今回僕は全く別の、トランスマンとして初めてのス

テージに立つ。

僕にはもう世界中を熱狂させたあの声は出ないんだ。

みんな今日の僕のステージをどう思うんだろう。

会場は屋内のバスケットボールのコートで、楽屋は市役所の中にあった。

会場に着いた時そこには誰もいなくて、がらんとしていてとても静かだった。

だから余計に心配になってきたんだ。

本当にみんな来るのかな？

けれどもその夜、ショーの時間になって楽屋から出た時は驚いた。

そこはすごい数の観客と彼らの熱気で満ちていた。ステージへ向かう途中、警備スタッフは雄叫びをあげるファンを押し分けるのに必死だった。

どこもかしこも興奮の渦に包まれていた。

「ジェイク！　ジェイク！　ジェイク！」

みんなの熱狂がガンガン伝わってきた。

予定では２曲だけ歌うはずだったけれど、僕自身もびっくりするほどテンションが上がって結局４曲歌ったんだ。

みんなすごく楽しんでくれた。もちろん僕だって！

ショーの途中、僕は置いてあった大きなテーブルの上に上がった。それは町の職員用のものだったけれど、とにかく僕は来てくれたファンのことが見たかったんだ。

みんな僕の本当のファンだった。みんな僕のことを受け入れてくれた。

みんなジェイク・ザイラスのパフォーマンスに大喝采してく

れた。シャリースじゃなくってジェイクに、だ。

この北の田舎町で、心ない人たちから非難の声を浴びせかけられるかもしれないという不安や恐れはきれいに吹き飛んだ。あの夜、僕を応援してくれた人たちは本当の僕と共にあった。いくらネットで中傷されようが、僕にはショーに足を運んでくれる熱狂的なファンが確かにいるんだ。テーブルの上からみんなを見てやっと痛みに耐えた甲斐があったと実感できた。みんな僕の名前を呼んでくれている。

僕はジェイクなんだ！

CHAPTER 2

Mommy Dearest
ママ愛してる

She's not a bad person. Her own difficult experiences with her family have just
contributed to her being the kind of person she is.
Who knows? Maybe if I rub my hand on her head I would also discover that it's covered
with bumps and valleys.

ママは根っからの悪人じゃないんだ。子供の頃家族の関係が複雑だったからそれが今の彼女に影響してるんだ。
もしかしたらママの頭を触ってみたら僕みたいにコブやへこんだところがあるんじゃないかな。

こんなことを言うのはとても心苦しいんだけれど、僕は未だに母親というものがどんなものなのか分からないんだ。
スーザンおばさんは僕にこう言っていた。
「家庭崩壊のことを訊かれたらね、私がうまく言っといてあげるからね」
僕の母方の親類は、スーザンおばさんとおじいちゃんを除いて、みんなキレやすかった。
ちょっとでも癪に触ることがあるとすぐに罵り合って、棒っ切れを振り回す。挙げ句の果てに刃物を持ち出すことも。
「もうこんな家にはいられないよ」
おばさんは常々そう言っていた。

「わたしがこの家を取り仕切っていたようなものさ」
おばあちゃんはよく亡くなったおじいちゃんと子供達のことを思い出しながらそう言っていた。
誰もおばあちゃんに口答えしなかった。おじいちゃんも押しの強い性格だった裁縫師のおばあちゃんの尻に敷かれていたんだ。
おじいちゃんはいつも僕に優しかったけれど、おばあちゃんに言わせると、おじいちゃんは若い頃はどうしようもない人で浮気ばかりしていたから今おとなしいのはその時の罪滅ぼしなんだそうだ。
けれども僕にはおじいちゃんは悪い人には見えなかった。
人は年を重ねるにつれて本当の自分になっていくんだと思う。もしおばあちゃんの言っていることが本当で、おじいちゃんが根っからの悪人だったならば、だんだんそういう面が出

るようになっていたと思うけれど、僕は見たことがない。
おじいちゃんはいつも酒浸りだったけれど物静かな人だった。
ひょっとしたらおじいちゃんの酒浸りはおばあちゃんのせい
だったのかも。

おばあちゃんには四人の子供がいたけれど、中でも僕のママ
との相性は最悪だった。
おばあちゃんが
「あんたのママはクラスメートの持ち物をくすねるような子
だったんだよ」
って僕にまでママの陰口を吹き込もうとするのが嫌でたまら
なかった。
大きくなるにつれて、ママに
「なんで二人は喧嘩ばかりしてるの？」
って訊く気も失せていった。
けれども最近になっていろんな人からママとおばあちゃんに
ついて聞かされるようになると、ママが気難しい性格になっ
たのも然もありなんと思うようになってきたんだ。

おばあちゃんは頑固な性格で自分の思い通りにならないとす
ぐに手を上げる人だった。
ママがまだ若かった頃のある日、おばあちゃんがママにお皿
を洗っておくよう言いつけた時の事、ママが洗い終わるとお
ばあちゃんはお皿をチェックしたんだけれど、洗剤が洗い流
されずに残っていたのを見つけて猛烈に怒り出し、ママに石
鹸の入った木箱を投げつけた。

おばあちゃんは怒り出したら見境がなくなるんだ。

それにおばあちゃんは人前でもおかまい無しに子供達をぶった。

一度スーザンおばさんがクラスメートの目の前でおばあちゃんに傘でぶん殴られたことがあったけれど、おばさんは今でもその屈辱的な出来事をはっきりと覚えているんだ。

子供達は勿論おじいちゃんですらおばあちゃんに口答えはしなかった。おばあちゃんがまたすぐ怒り出すに決まっていたから。

けれど、誰にだって堪忍袋の緒っていうものがある。

ある日遂にママはおばあちゃんにブチギレた。

とうとうママは僕と弟を連れておばあちゃんの家を飛び出したんだけれど、少し経つとママにもおばあちゃんとそっくりな性格が現れるようになった。

気性の荒さ、言い争いには勝つまで絡む、そして自分の子供達を殴る事。

スーザンおばさんは皮肉にもこの二人の親子が別の場所で同じようなことを話しているのを見ていた。

それはこんな具合だ。

『あたしゃね、いくら躾のためだっていっても子供達に手を上げたりなんてことしないよ、よくやってもちょっとつねったり髪の毛を引っ張ったりする程度さ』

だって。

けれども僕の頭を触ってみればすぐにそれが嘘だって判るはずさ。

ママはいつもハイヒールのかかとで僕をぶったんだ。だから
僕の頭には傷跡があってコブやへこんでいるところもある。
世の中には躾のために子供のお尻を叩く親もいるみたいだけ
れど、僕のママはそんな生易しいものじゃなかった。

ママは部屋にある一番痛いもので僕をぶつんだ。ベルトでぶ
たれる時は皮の方じゃなくてバックルの方だった。だからよ
く手にアザを作って学校に行ったものさ。

他の子みたいにスリッパとかでお尻をぶたれるだけだったら
これも躾かなと思えたのに、ママが手に持つのはいつもベル
トか竹箒だった。

ママはまだ小さくて痩せていた僕や弟のコイコイのみぞおち
をぶつこともあった。

サンドラねえさん*という人がいて、彼女はママの大の仲良
して一緒に住んでいたこともあった。ねえさんは僕たちのお
守りもしてくれていたんだけれど、その人はママが僕の怪我
をした所を好んでぶっていたのを覚えていたんだ。

僕が自転車で転んで膝をすりむいた時だった。ママは傷を治
してやると言って取り憑かれたように僕の傷口をぶった。す
りむいただけで痛くてたまらなかったのに。

　＊サンドラねえさん（ate Sandora）：ここでいう「ねえさん（ate）」
　　は姉の意味の他にフィリピンで年上の女性につける敬称の意味も
　　ある。フィリピンでは自分より少し年上から親くらいの年齢の女
　　性にこの敬称をつけて呼ぶことが多い。

ママは僕が外でやんちゃをしたりしたらどんな目に合うかを
体で覚えさせたんだ。

それに僕たちはぶたれたって泣いてもいけなかった。泣き出したり、シクシクし始めただけでもママはもっときつく僕たちのことをぶったから、大声を出したいくらい痛くても平気な顔をしていなくちゃならなかった。

だから僕とコイコイはどんなに痛い目にあっても涙だけは流さないようになったんだ。

今僕のマネージャーをしているカールはママに初めて会った時、まだ僕の一ファンだった。彼女はママの姿を見るなりなんだか怖くなったと言っていた。地獄の扉をくぐったみたいだって。みんなママのことを怖がっていた。ママにはそんなオーラがあるんだろう。

ママは僕が素性のわからない人間と一緒に遊んでいるのが我慢できなかったから、カールを見た時ママはすごい形相で彼女を睨んだんだ。

けれどもカールはまだ睨まれただけで済んだから良かった。スーザンおばさんなんかもっとひどい目に合っているんだから。

ママは自分の持ち物にとても執着する人だった。一度スーザンおばさんがママの腕時計をことわりなく自分の腕に付けた時にはママは大声で叫び出して怒鳴り声が近所中に聞こえるくらいだった。

その時 16 歳だったスーザンおばさんの自尊心はズタズタになった。

ママはすぐに手を上げて困ったけれど、もっとひどかったのは言葉の暴力だ。

他人に言わせればこれはもうママの持って生まれた気質としか言いようのないものだったけれど、ママはどんな風に言えば相手が心底傷つくのか本能的にわかるみたいだった。
だからスーザンおばさんがやり返すのは髪の毛を引っ張られたりと、まだ『手が出ている間』だけだった。

スーザンおばさんの手首にはリストカットで自殺しようとした時の傷跡がうっすらと残っている。ママが本当にヤバいところまでおばさんを追い込んだんだ。
けれどもそれだけ徹底的にいじめられても、二人はミュージシャンになって貧困から抜け出すという点では意気投合していた。あの頃フィリピンには歌手やダンサーになって日本で芸能活動ができるという幸運を手にするために必死だった人がたくさんいた。ママとスーザンおばさんもそのうちの一人だった。
二人は歌も上手く見た目もキュートだったので歌手になる素質は十分だった。
若い頃のママはちょっとぽっちゃり型だったけれどステージ衣装が着られなくならないように気を使っていたし、いつも前髪を綺麗に切りそろえてポニーテールにしていた。
ママはいつもオーディションに受かろうと必死だったのに、残念ながら声がかかるのはそこまで一生懸命じゃなかったスーザンおばさんの方ばかりだった。
スーザンおばさんはその頃まだ未成年だったから一人で外国に出稼ぎに行く事にちょっとおっかなびっくりだったんだ。
ブローカーがスーザンおばさんをその気にさせるためにママ

とコンビで売り出そうとしたけれどおばさんは断った。いつもおばさんにばかり声がかかるので、だんだんママはおばさんに冷たくなっていった。それに連れてスーザンおばさんもママを無視するようになった。

結局ママは日本行きの切符を手にできなかった。

＊

ママがやりそうなことは大体わかる。

僕は子供の頃よく自分の人生をおとぎ話に見立てて想像を巡らせていたけれど、ママはいつも自分に歯向かうものを呪い殺す魔女として登場していたものさ。

何年も前、ラグナ湖近くのカブヤオに家を建てた時、案の定ママは施工業者と揉めていた。しばらくしてその施工業者が亡くなったと聞いた時、

ママは

「それみたことか、私が呪ってやったのさ」

（おばあちゃんも全く同じことを言っていた。僕が Himig Handog＊で歌ったシングル『Bagyo（洪水）』がなんの賞も取れなかった時、おばあちゃんがスーザンおばさんに「私があの子の運を全部使い切ってやったんだよ」と言っていたそうだ）

＊ Himig Handog：フィリピンの最大手レコードレーベル Star music が主宰する大規模なコンテストでインディーズ作曲家のための楽曲のコンペティション。ファイナル曲に残ればその時のスターシンガーのボーカルでレコーディングされ CD リリースもされた。Himig Handog とは「音楽の贈り物」という意味。

人を呪うのもそうだけれど、ママは自分の欲しいものを巧みに手繰り寄せる術にも長けていた。

ある時、ママは銃で自殺するところだったとう嘘をついた。それを聞いた信じやすいスーザンおばさんが心配してやってきたんだ。

スーザンおばさんがやってきたときママは無理やりおばさんから僕の居所を聞き出そうとした。

「シャリースは忙しいのよ、私だって映画で観るくらいだよ」

僕をバッシングする人のことで本当に嫌だなと思うことはなんでも一方的に決め付けたりするところなんだけれど、実はママにもその傾向があるんだ。

僕がデビュー前に出たコンテスト『Little Big Star ∗』でもママは裏で何かされているに違いないと思い込んだようで、コンテストが終わってから他の親たちに嫌味っぽくこう言ったんだ。

「あんたの息子がこの子より歌が上手いって？へえ、よく言うよ！」

> ∗ Little Big Star：フィリピンの大手テレビ局 ABS-CBN 主宰の年少者を対象にした新人シンガー発掘番組。このコンテストでシャリースは一位にはなれなかった。

∗

かつて、ママは自分はファッションデザイナーだったと話してくれたことがある。

けれどもそんなことは信じられなかった。

スーザンおばさんによれば、ママはおばあちゃんからコー
ラ・ドロローソ職業訓練学校＊で服飾デザインを学ぶために
もらった入学金 14,000 ペソ（約３万円）もの現金をそっ
くり仲間内で使ってしまったそうだから。

　＊コーラ・ドロローソ職業訓練学校（Cora Doloroso Career Center
　（CDCC））：モデル養成学校として 1968 年に創立。1979 年に服飾、
　コンピューター、観光、介護などの分野の人材を養成する総合職
　業訓練校になる。この学校は数多くのトップモデル・俳優を輩出
　した。現在は Center for Skills Enhancement（CSE）に名称変更、
　フィリピン政府機関「Technical Education and Skills Development
　Authority（TESDA）」直轄となっている。フィリピンを代表する人
　気 R&B シンガー、カイラ（Kyla）もこの学校で学んだ。

ママは自分はスーザンおばさんと同じようにバンドのボーカ
リストをしていたとも言っていた。けれど僕がスーザンおば
さんにそのことを尋ねても、おばさんは生返事をして肩をす
くめるばかりだった。
一番信ぴょう性があるのはサンドラねえさんが言っていた
「お前のお母さんはね、マックスグローリーっていうラグナ
州のカブヤオにある縫製工場で毎日 16 時間、週６日働いて
いたのよ」
というものだ。
これは 2008 年にオプラ・ウィンフリー・ショーのスタッ
フが僕の生い立ちのビデオを撮るためにラグナ州に来ていた
時、ママがインタビューで答えていたのと同じ話だった。

＊

これまでいろんなインタビューを受けたけれど、ママはその度にいつも僕と弟のコイコイを女手一つで育て上げたことを強調してきた。

ママにとってこれはもう一種の『台本』になっていて、かれこれ20年以上同じことを言い続けている。僕も同じように言うのよと言われているけれど、本当はそうじゃないんだ。スーザンおばさんやおばあちゃん、それに叔父さんまでも僕たちの生活を助けるためにママにお金を差し出してくれていたんだ。

サンドラねえさんはひと頃、メイドとして働いた給料3,000ペソ（約7,000円）を僕たちの生活費の足しにと渡してくれていた。姉さんは僕のことを不憫に思ったんだろう。

10歳になった時、僕はのど自慢大会で生活がやっていけるだけの賞金を稼げるようになっていた。けれどもサンドラねえさんの心中は複雑だった。だってママは僕が稼いでくる賞金をあてにして仕事をパッタリやめてしまったんだから。

＊

「どうして今でもママのことを愛してるって言えるの？」

僕はいつもこのことを訊かれる。フィリピンのテレビドキュメンタリー番組『Maalaala Mo Kaya』＊で僕の生い立ちが紹介されて、子供の頃ママに虐待されていたことが世間に知られるようになってからは尚更だ。

＊ Maalaala Mo Kaya：フィリピン最大のテレビネットワーク ABS-
CBN が放映しているドキュメンタリードラマ番組。番組名を日本
語に訳すと「覚えていますか？」。1991 年放映開始、現在も毎週
土曜日の夜に放映されている。
Maalaala Mo Kaya はジェイク（シャリース）の生い立ちを取り上
げたドラマを過去 2 回作っており、どちらもジェイクが本人役で
登場している。本文中で言われているのは 2017 年に放映された
2 回目のドラマでタイトルは「Jumper」。
1 回目のドラマ（2009 年放映・タイトルは「Ice Cream」）ではマ
マはシャリースを献身的にサポートする存在として登場している。

この問いについて僕はいまでもうまく答えられない。けれど
もとにかく僕はママのことを愛してる。それだけなんだ。
僕はママがどんな人なのかわかっていたし、今までにママが
どれだけ僕の稼ぎを持って行ってしまったかも知っている。
ママの仕打ちに腹が立つことも傷つくこともあるし、僕のプ
ライベートを全部知っている友達と一緒の時はママをダシに
して笑うこともある（僕たちのおしゃべりの中でママはいつ
も『魔女』として登場するんだ）。それでも、そんなこと全
部ひっくるめても僕のママに対する気持ちが変わったりはし
ない。
ママは僕にとって何ものにも代え難い存在なんだ。
僕は腕の内側にママの名前を彫ってるんだけれどこれもママ
への愛情の証なんだ。
今でもママに泣かれると、いてもたってもいられなくなる。
ママもそのことはよくわかっているんだ。ママは自分が泣け
ば僕がいつでもママの元に帰ってくるってわかっているし、
僕だってなんとかして彼女をなだめてやりたいと思ってしま

うんだ。

僕はママを心から憎むなんてできない。ママの悪い部分もよく知っているけれど、いい部分があるってこともよくわかっているから。

ただ、それが見られるのは残念なことにたまたまママの気分がいい時だけで滅多にないことなんだ。

他人から優しくされればママだって優しくなる。家で最高のもてなしだってするんだ。

その気になればパーティだって開いちゃう！

家族にはとてもケチだけれど来てくれたお客さんには何だってあげちゃったりもするんだ。

最初は身内にお願いされても

「だめよ！　それまだ着るんだから。またいつか飽きたらあげるわよ」

って言っているのに他人がやって来たらすぐさまあげちゃうんだ。

（ママはいつも気前のいい外面を取り繕っていた。だから小さい頃おばあさんから聞いたママがクラスメートのものをくすねたって話を僕は信じられないんだ。いつも嘘ばっかりだから今じゃ何が本当の話かなんてどうでもいいとも思っているんだけれど）

けれども一つだけ言っておかないといけないのは、彼女の気前の良さは相手が自分の役に立たないとわかった途端に消えてなくなるってことさ。

サンドラねえさんはママのその辺りの性格をよくわかっていた。

ママと仲良くしていることは役得があった。ママが自分のた
めに何か買った時はいつもサンドラねえさんとスーザンおば
さんにも同じものを買い与えていたんだ。
けれどもそれにはオチがあった。
おばさんたちがママのことをちょっとでも悪く言ったりした
が最後、それまであげたものを全部取り上げてみんなの顔め
がけて投げつけてくるんだ。

僕やコイコイに対しても同じだった。ママの愛情はいつも気
まぐれだった。

機嫌がいい時のママは最高のシェフだ。
僕がのど自慢大会に出ていた頃、ママはよく僕の好物を作っ
てくれた。好物といっても安い材料で作った自家製ハンバー
グだった。けれども僕はこれで次の日ものど自慢大会で頑張
る元気が湧いたんだ。
もっと機嫌がいい時はママはパクシウ*やアドボ**なんかも
作ってくれた。

　＊パクシウ（Paksiw）：魚（主にイワシなどの青物）を生姜のみじん
　　切りやニンニクのスライスと共に酢で煮たフィリピン料理）。
　＊＊アドボ（Adobo）：酢と醤油に漬け込んだ豚肉や鶏肉、イカなど
　　を炒め煮にしたフィリピンを代表する伝統料理。

今でも僕が家でアドボを作った時、食べに来た友達には誰彼
なく
「これはママに教わった味付けなんだ」
って説明している。

いわゆる「おふくろの味」ってやつなんだ。

「ミン」
ママは時々僕のことを愛称でこう呼ぶ。ママが僕に何かおねだりしたい時はいつもこうだ。新しいソファが欲しい時とか。ママがこんな『ユルイ』感じの時は滅多にないチャンスだからそれを逃さないように、僕はママをまるで猫でもあやすようにそばに引き寄せてギュッと抱きしめるんだ。
弟のコイコイも同じだった。僕たちは日頃ママの愛情に飢えているからね。
そう、この雰囲気は僕たちの間だけで通じる『アイラブユー』なんだ。
ママは『アイラブユー』なんて安っぽくて大げさだと思っていて家では一度も口に出しては言わなかったから。

小さい頃、ママは僕に世の中の全てのものには値札がついているんだからお金がなきゃどうしようもないんだよって言い聞かせていた。だからアイスクリームやチョコレートが欲しくなったらその都度買えるだけのお金をのど自慢大会で稼いでこなくちゃならなかった。
オモチャや洋服、おやつとか、普通なら親に買ってもらうようなものだって同じだった。

けれども時にはその気になったママが僕たちを守ってくれることだってあった。
小学生の頃、僕はテストでカンニングしたってクラスメート

からイジメられたことがあった。

そのことを帰ってからママに話すと、次の朝ママはひどく怒って教室まで怒鳴り込んできた。

「うちの娘がカンニングしたなんて言ってるのは誰なんだい!?」

イジメっ子はママの剣幕にちぢみ上がってそれ以来僕には近づかなくなった。

まだある。もうフィリピンの芸能界にデビューしてからの出来事だけれど、ママと僕は意地の悪いゲイの先輩タレントにばったり会った。

「ぶっさいくな奴だな」

彼はすれ違いざま、わざと聞こえるように馬鹿にしたような口調で言った。僕は構わず歩き去ろうとしたんだけれど、ママはそいつのところに戻って行って彼のタレントとしてのメンツを丸潰しにした。

「あんた！　その顔でよく他人のこと言えるわね！」

こんな風に手料理を作ってくれたりいじめっ子を蹴散らしてくれるのはママ流の愛情表現だった。

＊

僕とママの関係は最初から他の子達のそれとはちょっと違っていた。

遊び友達やのど自慢大会で出会った子たちを見ていると、僕とママの子供染みた繋がり方はやっぱりちょっと変だった。

（まだ6歳だった頃、ママは男の人のことで思い悩んでいた。マ

マは僕に、ねえどうしたらいい？　って訊くんだ。6歳の僕にだ
よ！　普通訊かないよね子供にそんなこと）

子供の頃の僕は本当にどうしようもないくらいシャイだっ
た。特に知らない大人と関わり合いになるのが嫌でしょうが
なかった。なのにママは家の中に隠れている僕を優しく促し
てくれるんじゃなくていつも無理やり人前に引っ張り出すん
だ。
音楽業界のお偉いさんと会うときも硬い表情をしている僕を
微笑ませようとしてママはいつも思いっきりつねった。
だから僕には仕事の打ち合わせが本当に苦痛だった。いつも
つねられて痛いのを我慢しなくちゃならなかったから。

僕は他の子たちと違って友達を自由に選ぶこともできなかっ
たし遅くまで遊ぶことも許されなかった。（おかげで僕はパティ
ンテロ*の遊び方すら知らないんだ）

　　*パティンテロ（Patintero）：フィリピンの子供達に最も人気の伝統
　　　的な遊びの一つで鬼ごっこと陣取り合戦をミックスしたような遊
　　　び。

ほとんど何もさせてもらえなかったけれど、ママはクラス
メートの誕生日会には30分だけ出席させてくれた。
クラスメートのみんなは僕が途中で帰ろうとしても無理に引
き止めようとはしなかった。
みんな僕のママのこと知っていたし、それにとても怖がって
いたから。

一度だけ、クラスメートが僕の家を訪ねてきたことがあった。その子は目立ちたがり屋の陽気な男の子で、家の中に飛び込んでくるなり「チャ！」＊と僕のことを呼んだんだ。

> ＊チャ！（Cha!）：Charice・シャリースのフィリピン発音「チャリース」を短くした愛称。

ママはこういう物怖じしない快活なタイプの子が大嫌いなんだ。

ママからはいつも友達はちゃんと選ぶよう言い聞かされていた。
ママの気を引きたかったこともあって、僕は一緒にのど自慢大会に出ていた子の中からママが好みそうな子と親しくするようになった。
けれどもそのママお墨付きの友達との関係は結局、彼女たちが僕を騙していたことがわかったので終わりになった。彼女たちはまるでスパイのように僕の一挙手一投足をママに報告していたんだ。
そのことがわかったのは僕が15歳になってからさ。彼女たちの一人が僕にガールフレンドがいるっていう秘密を漏らしていたんだ。そのことはついにママの耳にも入った。
厄介なことになった。
このことがきっかけで僕はますます人が信じられなくなったんだ。これは僕のトラウマになった。
「家族から友達までみんなこのことを知っている！　一体どうして？」

大勢の人が家に押しかけて来て、
「子供のしつけに問題があったんじゃないか？」
とママを問い詰めようとしたけれどママは頑として自分の間
違いを認めようとはしなかった。よしんば自分に非があった
にせよそれを素直に受け入れるような人じゃなかったから。
「あたしゃね、自分が悪いなんてこれっぽっちも思ってなん
かいないよ！」

*

親というものは子供の保護者であるべきだと思うんだけれ
ど、残念なことにママはその全く逆、僕の気づかないところ
で僕の敵として存在していたんだ。
ある日僕がママの家を訪ねてみると知らないアカウント名で
ログインしているパソコンがあった。
ママは
「それがどうしたって言うんだい？」
と何気ないフリをしていたけれど、ママはそのアカウント名
を使って僕のインスタグラムにしょっちゅうコメントを入れ
ていたんだ。
「僕の投稿に嫌なコメントを入れたのはママなのかい？」
って聞いてみたけれどママはただ笑っているだけだった。
後になって弟のコイコイが本当のことを教えてくれた。
ママはタトゥーの入った僕の写真を見つけては、僕の性的指
向を快く思っていない人たちがもっと否定的なコメントを書
き込むよう煽っていたんだ。

僕と弟のコイコイは幼い頃からずっと親友みたいに仲良しだった。けれども大きくなるに連れてだんだん険悪な仲に変わっていった。ママが弟をそそのかしていたんだ。

僕はコイコイとの絆が切れてしまわないように彼を僕のところに引き止めた。

僕は弟のためにママの手の届かない場所に家を買ってやろうかとも考えていたんだけれど、時すでに遅しだった。弟はもうすっかり変わってしまっていて、まるでママの生き写しのようだった。

弟は僕の家では王様のような暮らしができないことに不満を漏らした。僕たちは部屋の掃除も、食事の用意も自分たちでやっていたんだ。用事を頼むメイドもいないし、近くにメイドを手配するところもなかった。

僕は必死で弟を説得した。

「なあ、僕たちはそんな怠け者じゃなかっただろう？」

しかし無駄だった。

ママはいつも僕がシンガーとして成功し買い与えた家のことやら何やらのことを引き合いに出してコイコイに当てこすりを言った。

「お前はママに一体何をしてくれたって言うんだい？」

これがママの口癖だった。僕に対する嫉妬心をわざと煽っていたんだ。

僕の小さな家とそこでの質素な暮らしぶりに耐えられなくなったコイコイはとうとう家を出て行ってしまった。

僕はコイコイが出て行くとき僕に向けた憎しみの表情をいつ

までも忘れられないだろう。

僕たちは疎遠になった。僕はコイコイと仲直りをするのは簡単なことじゃないと悟った。

僕はママともコイコイとも連絡を絶った。

ママは自分が涙を見せれば僕がすぐに舞い戻ると思っているだろうからと、僕のマネージャーや友達、血の繋がりはないけれど僕の新しい家族となってくれた人たちがみんなして僕をママから遠ざけてくれた。それでもママはマネージャーのカールには時々メッセージを送って僕に伝えるように頼んでいたんだ。

相変わらずお金の話だった。

ある時ママは何でもないことのように５万ペソ(約11万円)を無心してきた。なんでも骨折したとかで、後で必ず返すからと言ってきたそうだ。

けれどもママのフェイスブックを見てみるとしょっちゅう豪勢なところに遊びに行っていた。

だから僕は

「ママは骨折って言葉の意味がわかっているのかな？」

って思うようになったんだ。

最後にママの消息を聞いたのはママは今アメリカで働いているという話だった。弟のコイコイもママのところに行くつもりらしい。僕は二人がアメリカで働けばお行儀も良くなるだろうしお金を稼ぐ苦労もわかるだろうと思った。特にコイコイにはそうであってほしい。もう子供じゃないんだから。

この本を書き始めたことで、僕はママが若かった時、おばあちゃんとどんな関係だったのか少しずつわかるようになってきた。ママのこともずっと理解できるようになったと思う。

ママは根っからの悪人じゃないんだ。

子供の頃家族の関係が複雑だったから、それが今の彼女に影響しているんだ。

もしかしたら、ママの頭を触ってみたら僕みたいにコブやへこんだところがあるんじゃないかな。

傷つけられた経験を持つ人は同じように人を傷つけるようになるとも言われているし。ママが僕たちを虐待したのはそれが原因なんじゃないかな？　と思う。

もちろん、だからといってママに責任がないって言うんじゃない。ママは大人だったし判っててやったんだから。

僕がいつか子供を持った時、その子にママと同じようなことをするなんて考えられないよ。

CHAPTER 3

Kontesera
コンテストガール

Being a *kontesesa*, a professional
contest joiner, became a real job
when we moved to
Gulod, Laguna. Since I consistently
bagged the monetary prizes, my
mother took that
as a sign that she could stop
working.

『コンテスト荒らし』はラグナ州のグロッドに引っ越した頃
には立派な僕の本業になっていた。
毎回賞金を持って帰るようになると、それをいいことに
ママは仕事を辞めてしまった。

ママが僕の歌は金になると知った瞬間、もう僕はただの子供じゃなくなった。

ママが僕の才能に気づいたのは僕が5歳の時だった。

スーザンおばさんが言うには、近所の人たちは僕がテーブルに乗ってセリーヌ・ディオンの『My Heart Will Go On』を歌っているのを窓越しに眺めていたそうだ。

僕は井戸端会議に集まっていた人たちはもう帰ってしまったと思ったからラジカセでセリーヌ・ディオンの歌をかけてそれに合わせて歌っていたんだ。

スーザンおばさんはやがて僕の歌の先生になるんだけれど、その時おばさんは僕の歌があんまり上手いんでとても驚いたそうだ。その時は僕はまさかこの持って生まれた声で貧乏から抜け出られるとは夢にも思っていなかったけれど。

ママがパパのところを飛び出したのは僕が4歳の時だった。それ以来、ママが『ファッションデザイナー』として稼いだお金で暮らして行くのにあちこちを転々とした。いっぱいいろんなところに住んだけれど、一番思い出に残っているのはラグナ湖の近く、サンタ・ローザのゴールデン・シティ地区にあるおばあちゃんの家で暮らした時だ。

粗末な分譲地にある小さな家だった。

スラムの掘っ立て小屋に比べれば大したものだったけれど、それでも高級住宅と呼べるような代物じゃなかった。

赤い門扉をくぐって敷地に入るとすぐにオフホワイトのコンクリートの壁。中にはベッドルームが二つ。そのうちの一つがママと僕と弟のコイコイの寝床だった。

通りに面して居間があった。そこではママが洋服のスケッチ画を描いたり縫い物をしたりしていた。それはママがなんだかんだいっても一応『ファッションデザイナー』として仕事をしているのを見た数少ない光景だった。

二つのベッドルームのすぐ隣が台所になっていた。汚い台所と食堂だった。

裏口を出たところには洗濯場と小さな庭もあった。

重々しく陰気な感じのする家であんまりその辺を触ったりしたくなかった。

ずっと何にもない日々が続いた。食べるものといえばほとんど毎日インスタントラーメンばかり。ごく稀に少しお金がある時はリゴ*のイワシの缶詰を買って食べた。あの頃はトマトジュースに浸ったイワシが食べられるのが僕たちにとって唯一の贅沢だった。

　＊リゴ（Ligo）：フィリピンでポピュラーな缶詰メーカー

子供の頃の写真を見ると僕は明らかに栄養が足りていなかったことがわかる。痩せていたから体の割に頭だけ異様に大きかった。本当にガリガリだったからちょっとぶつかったりしても誰も気がつかないんじゃないかと思うくらいだった。実際、僕の二の腕は他の子の手首くらいの太さしかなかった。

おばあちゃんと一緒の暮らしは騒々しい毎日だった。ママとおばあちゃんはほとんどいつも言い争いをしていた。似た者同士だから余計に我慢ならなかったんだろうけれど、二人と

もそれに気づいている様子はなかった。

喧嘩になるといつもおばあちゃんは大きなつい立てを持ち出してきて家を二つに区切ってしまった。おばあちゃんの方の『領地』に玄関と台所があったから僕たちは裏口から出入りしなければならなかった。

僕とコイコイはまだ小さかったからママとおばあちゃんは何で喧嘩しているのかすらわからなかったのに、二人の争いに自動的に巻き込まれていった。

ママは朝早くに仕事に出て行って帰ってくるのは真夜中、僕たちはもう眠っている時間だったから、日中ほとんどママの姿を見ることはなかったのに。

二人が仲直りをするまで僕たちはおばあちゃんに食べ物をもらうことも許されなかった。おばあちゃんは温かい食べ物を見て僕たちが羨ましがっているのを楽しんでさえいる風だった。フライドチキンがコンロの油の中でジュージューいう音が聞こえてきたかと思ったら今度はパクシウのいい匂いが漂ってきた。おばあちゃんはそれでも物足りないのか、わざと聞こえるように美味しそうな音を立てながら食べるんだ。その間僕たちはつい立ての反対側でお腹を空かしているばかりだった。

弟のコイコイはその頃まだ3歳だったから、何が起こっているのかすら理解できなかっただろう。

僕は弟がまだ飢えという感覚すら判らずお腹をすかしていくのをなす術なく見ているだけだった。いつも終いにはコイコ

イが泣き出すものだから、僕はとうとう我慢できなくなって
ある日学校の帰りにパンデサル*を一切れ買ってきてベッド
ルームにある小さな赤い引き出しの中に隠しておいた。次の
日に二人で食べるためだ。

　　*パンデサル（Pandesal）：フィリピンで主に朝食で食される子供の
　　　こぶし大の小ぶりなパン

ところが最悪なことに寝床に居付いていたネズミにやられち
まった！
朝引き出しを開けてみたらパンデサルはネズミに食い荒らさ
れていたんだ。パンデサルは小さくかじった跡だらけになっ
ていた。僕たちのお腹は急にグーグーなり始めた。
どうしようもなかったけれど僕とコイコイは子供なりの機転
をきかせてこのピンチを乗り切った。
二人はただひたすら大声でゲラゲラ笑ってお次は『Bikining
Itim』*の替え歌を歌ったりして気を紛らわせた。

　　* Bikining Itim（黒いビキニ）：フィリピンの古いコミックソング

「気をつけて！　気をつけて！　パンデサルは一つしかない
んだよ！」
笑ったり歌ったりする以外にどうしようもなかった。
そうでもしなけりゃ気が変になってしまいそうだったから。

雨降りの時にはコイコイと僕は窓の外で氾濫している水かさ
がだんだん増してくるのを眺めていた。僕はよく船に乗って
ゴールデン・シティから遠くへ遠くへと逃げ出す自分たちの

姿を想像した。

ママはほとんど家にいなくて、夜遅くに眠るために帰ってくるだけだったから、ママとおばあちゃんとの喧嘩で一番大変な思いをしたのは僕とコイコイだった。僕たちはママが朝仕事へ出かける時に置いていく10ペソ（約22円）ぽっちで糊口をしのがなけりゃならなかった。

ある夜、僕とコイコイは家を締め出された。

僕がいつもより遅くまで学校に残っていたから帰りのスクールバスが出てしまったんだ。まだ夜の8時頃だったけれど、子供だったから外が真っ暗なのがとても怖かった。僕とコイコイは手を繋いで家まで歩いて帰った。

家に着いてみると僕たちの持ち物が全部袋に詰められて門の外に放り出してあった。

僕たちは何度もおばあちゃんの名前を呼んだりドアをノックした。

家にはおばあちゃんもおじさんもいるのがわかったけれど、誰も中に入れてくれなかった。ママを呼ぼうにも携帯電話なんて持っていなかったから、仕方なく僕たちは制服のままで4時間も門の前に座り込んでいた。僕たちの目の前をジープニーやトライシクル∗が勢いよく通り過ぎていく。

　∗ジープニー（Jeepney）やトライシクル（Trycicle）：ジープニーはフィリピンの庶民的な乗り物で太平洋戦争後に米軍が払い下げたジープを改造した乗合バス。手を上げればどこでも止まり、運転手に合図すればどこでも降りることができる。派手なペイントや

とうとうコイコイが泣きだした。フィリピンじゃ親たちはみんな、遅くまで外で遊んでいたり言うことを聞かなかったりしたら怖い大人に誘拐されちゃうぞと子供たちを脅かすものだから、僕は恐ろしい形相をした大男が突然現れて僕たちをかたって行ってしまう様子が頭に浮かんだ。

僕はひとりでいるのがたまらなくなって、泣いているコイコイをぎゅっと抱きしめた。

「コイコイ、どこにも行くんじゃないぞ」

僕はコイコイを守っているフリをしていたけれど本当は僕自身が心細かっただけなんだ。

トライシクルが止まる度

「ママが帰って来た！」

と思ったけれど、どのトライシクルからも降りてくるのはママじゃなかった。

僕たちは暗闇の恐怖で動くこともできなくなった。夕食の時間は過ぎようとしていたけれど、空腹感すら感じなかった。もっとも丸一日何も食べていないなんていつものことだったからなんでもなかったけれど。

１、２時間経ってからもう一度家のドアをノックしてみたけれどやっぱり返事はなかった。

真夜中ごろ、トライシクルに乗ってやっとママが帰ってきた。
ママが
「あんたたち、こんな遅くに外で何やってるんだい？」
と訊くものだから、僕は家を締め出されたことを話して聞か
せた。
ママは僕たちの持ち物が米袋に詰めて置かれているのをみて
ブチギレた。ドアをガンガン叩きながら思いつく限りの悪態
をついた。
「開けなさいったら！　このアホンダラ！　それでも人か
い!?　この悪魔！」

それでも誰も出てこなかったから、僕たちは諦めて同じラグ
ナ州のグロッドに住むサンドラねえさんのところへ行った。
僕たちはグロッドで一間の部屋が連なる長屋を見つけた。そ
こが僕たちの新しい住み家になった。
持ち物といえば、今着ているものとラジカセ、ディヴィソリ
ア*で買った薄いスポンジのマットレスくらいのものだった。
おばあちゃんが僕たちのものと一緒にマットレスも放り出し
てくれたのはラッキーだった。

　＊ディヴィソリア（Divisoria）：マニラのチャイナタウン地区にある
　　市場

ママは泣いていた。それをみて僕はいたたまれなくなった。
やっぱり僕にとってママは何ものにも代え難い存在なんだ。

＊

グロッドでは僕もママの『シノギ』の片棒をかつぐことになった。

ママはお金がなくなるといつもサリサリストア＊に僕を連れて行った。

僕が窓の鉄格子に顔を押し付けて

「お願い、インスタントラーメンをもう一つ欲しいんだけど、お金ないんだ。ツケにしといてよ？」

と尋ねると、か細く弱々しい僕をみた店の主人は仕方ないな、と袋に入れてくれた。

もうとても払えなくらいツケがたまっていても僕を見た店主は断れなかった。

ママはどんなにお金がなくても炭酸入りのジュースがなきゃ気が済まなかった。だからいつも僕にジュースをツケで買ってくるように言うんだ。サリサリストアからジュースをもらう時の恥ずかしさったらなかったけれど、ママはそんなこと一向に気にしていなかった。

僕がのど自慢大会に出場するようになったのはまだゴールデンシティに住んでいた頃だった。

初めて出場したのは７歳の時、メトロマニラ南部はラグナ湖畔の街ビニャンにあるパビリオンモールで開かれたのど自慢大会だ。

おばあちゃんが衣装をこしらえてくれた。

一方で『ファッションデザイナー』だったママは衣装は作らず、もっぱら僕に歌のレッスンをした。アイヴィー・ヴィオラン＊のカバーバージョンがフィリピンでヒットしたトム・ジョーンズの『You Are My World』を僕に教え込んだ。

＊アイヴィー・ヴィオラン（Ivy Violan）：1980年代に活躍したフィリピンの女性シンガー

その時はママはまだ練習中もそんなに厳しくはなかった。

ママは僕に繰り返し歌わせながらステージ上で目立つ振り付けとかも教えてくれた。その大会で僕は2位に入賞、賞金2,000ペソ（約4,400円）と副賞のラジカセをもらって帰ったんだ。初めて出た大会での好成績におばあちゃんもスーザンおばさんも大喜びだった。この時を境にしてママは何かにつけて僕の歌をあてにするようになった。

その二日後、ママはラグナ州はサンタ・ローサにある街バリバゴで新しいのど自慢大会が開かれることを聞きつけた。

僕は入賞した時と同じ淡いグリーンの衣装を着て同じ曲を歌ったんだけれど、ビギナーズラックは一回きりだった。今度は入賞できなかった。

ママが腰をぬかさんばかりに驚いているのをこの時生まれて初めて見た。ママは僕をぶったりはしなかったけれど、そのかわり一言も口を聞いてくれなかった。ママに無視されて僕はとっても落ち込んだけれど、負けるとこうなるんだということを思い知った。

その時から全てが変わった。歌の練習もいきなり厳しくなった。ママは僕がちょっとでも間違えると本気で怒り出すようになった。

「サボってるんじゃないよ！　わかったかい?!」

ママはうまく歌えるだけじゃダメなんだよと何度も僕に叩き込んだ。僕は完璧に歌えて尚且つのど自慢大会に勝てるパフォーマンスをしなければならなかった。僕がまだ7歳なんてこと、ママには関係なかった。

初めてのど自慢大会で勝った喜びは恐怖に取って代わった。あの時はみんなが応援してくれて嬉しかったけれど、2回目で負けてからは精神的にも肉体的にもきつい『シゴキ』に変わっていった。

レジーン・ヴェラスケス*がカバーしたジェリー＆ザ・ペースメイカーズの『You'll Never Walk Alone』は僕にとって世界中で一番嫌いな曲になってしまった。というのもママはこの曲を僕に歌わせようとしたんだけれど、どうしても高音部が出なかった。その頃の僕にはこの曲は無理だったのに、ママは僕に歌わせようとして聞かなかった。

　　＊レジーン・ヴェラスケス（Regine Velasquez）：1980年代にデビューした女性シンガーで現在もフィリピンを代表するトップシンガーの一人。

ママは僕のことを高音が出るのを得意にしている他の出場者や、あまつさえ、こういう曲を軽々と歌い切る本職の歌手と同じように歌えるようにしようとした。

ママはいつも僕と彼らを比べて
「そんなことじゃ勝てやしないよ！」
と言うばかりだった。
厳しい『シゴキ』の繰り返しだった。けれど声が枯れてしま
うほど頑張っても僕の声はそこまで届かなかった。
怒ったママが僕の髪の毛をひっつかんで階段から突き落とし
たこともあった。僕は膝を地面のコンクリートにしこたま打
ち付けたからしばらくは杖がないと歩けないほどだった。
スーザンおばさんは Bantay Bata ＊ という児童保護福祉団
体に児童虐待で連絡しようとしたけれどママの怒り狂う顔が
浮かんできて思いとどまった。
「ごめんね、私にはやっぱりできないよ」
結局僕は満足に歩けるようになるまで一週間かかった。

　＊大手メディア企業 ABS-CBN が 1997 年に発足させた児童の貧困や
　　虐待についての保護プログラム。

26 歳の今になって、僕がスターシンガーになれたのはママ
の数々の『シゴキ』のおかげだったかもと笑って思い出せる
ようになった。
僕はママが仕込んでくれた『特訓』にいくつか名前をつけた。
「ヘリコプター」：大きなアクションをつけさせたい時、ママ
は僕の髪の毛をひっつかんでグルングルン頭をまわすんだ。
「リモートコントロール」：僕の口を大きく開けさせたい時は
ママはテレビのリモコンを口の中にねじ込むんだ。
「ボクシング」：高音部に声が届かない時ママは僕のみぞおち

をしこたま殴るんだ。

ママはある意味正しかったのかもしれない。おかげで僕は他の誰よりも高音が綺麗に出せるようになったんだから。

こんな風に僕はママ流のトレーニングを受けて上達したわけだけれど、いとこで同じく歌手のレスタットにはこんなやり方は通じないことがわかった。口でガミガミ言うよりもいいところを褒めてやる方が彼はずっとうまく歌えたんだ。

ママの凶暴な性格の餌食になったのは僕や弟だけじゃない。僕の友達があろうことかママに歌のトレーニングをお願いしにきたことがあった。

ママはいらいらしてついにその子の口にリモコンをねじ込んだんだ。年端もいかない子にそんなことが耐えられるわけはなかった。

スーザンおばさんは別として、ママは昔の親友にまで手を挙げたことがあった。サンドラねえさんだ。

ママはハイヒールのかかとでサンドラねえさんの頭を小突いて頭皮が切れてしまってもママはまだ姉さんのことを離そうとしなかった。サンドラ姉さんは今でもそのことを覚えている。

それは僕がBulilit Star Quest＊で入賞した後のことだった。僕はサマール島で開かれたイベントに出場した。それは野外イベントだった。

　＊ Bulilit Star Quest：フィリピンの大手テレビ局 ABS-CBN 主催の大
　　規模な新人発掘コンテスト

あいにくの雨模様で機材が濡れて故障してしまったため僕は
うまく歌うことができなかった。
ママはステージでおろおろしている僕を見て癇癪を起こし
「勝てなかったら承知しないよ！」
と言い放ってさっさと先にホテルに帰ってしまった。
サンドラねえさんと僕がホテルに帰り着くなりママの怒りは
爆発した。二人の喧嘩が始まるとサンドラねえさんは僕をバ
スルームにかくまった。しばらく経ってから恐る恐る覗いて
みるとイベントの主催者が部屋に来ていた。
頭から血を流しているサンドラねえさんを見て主催者が
「一体なにがあったんです？」
と詰め寄るとママは
「ちょっと転んで頭を擦りむいただけよ」
と言い訳していた。
サンドラねえさんはママの言い訳を否定しようとはしなかっ
た。
サンドラねえさんはママを護ることが、僕を護ることになる
と思ったんだ。もし本当のことを言えばママが警察に連れて
行かれてしまうから。
だからねえさんは頑として嘘をつき通した。どんなことが
あってもママは僕の母親であり僕のそばにいるべき保護者
だって思ってくれたんだ。
けれども今以てママはこの時のことをねえさんに謝っていな
い。

『コンテスト荒らし』はラグナ州のグロッドに引っ越した頃には立派な僕の本業になっていた。毎回賞金を持って帰るようになると、それをいいことにママは仕事を辞めてしまった。7歳から12歳になるまで、僕は知り得たおおよそ全てののど自慢大会に出場した。のど自慢大会と言っても生易しいものじゃなかった。大会が始まるのは夜の9時か10時ごろでそれが明け方4時ごろまで続くんだ。時には7時までかかることもあった。7時といえばもう学校に行く時間だ。次の日に授業があれば、ママは徹夜明けの僕を無理やり学校に行かせた。

グロッドの小学校の先生たちはみんな僕が居眠りしても大目に見てくれた。僕の家の近くに住んでいた先生がママが歌のシゴキで僕をしょっちゅう怒鳴りつけているのを聞いていて、そのことは学校中の噂になっていたから。

住むところはあったけれど僕たちの暮らしはホームレスのようなものだった。

ステージ衣装は全てバリクバヤン・ボックス*に詰め込んでのど自慢大会があると聞きつけたらいつでもすぐに行けるようにしていた。

> *バリクバヤン・ボックス（Balikbayan Box）：海外に出稼ぎに行っているフィリピン人が家族に荷物を船便で送る時に使う大型の段ボール箱。フィリピン国内でも引越などの際に使われる。

僕は虹色の7色全部の衣装を持っていたけれど、ママは僕にははっきりした色合いの赤が合うと思っていた。ママは僕の

ラッキーカラーはロイヤルブルーだとも言っていた。

放課後は殆ど毎日歌の練習に明け暮れた。ママにとっては歌
の練習が大事で、宿題なんかそっちのけだった。学校から
直接のど自慢会場に行かなければならない時もあって、そん
な時は宿題どころじゃなかった。けれども僕はいつもクラス
メートに助けられていた。次の日に学校に行くとみんなが前
の日のノートをコピーして渡してくれたんだ。

のど自慢大会に行けば行くほどママはギラギラしてきた。
僕の持ち歌は最初はホイットニー・ヒューストンの『One
Moment In Time』とラニー・ミサルーチャ＊がカバーした
『You Don't Have To Say You Love Me（この胸のときめ
きを）』くらいだったけれど、だんだんとマライア・キャリー
やセリーヌ・ディオンのヒット曲もレパートリーに加えて
いった。ママはライバルを蹴落とすために、僕に次から次へ
と難易度の高い曲を教え込んだんだ。

> ＊ラニ・ミサルーチャ（Lani Misalucha）：レジーン・ヴェラスケス
> と並ぶフィリピンを代表する女性シンガー。デビュー後長らくラ
> スベガスの高級ホテルの専属シンガーとして米国で活躍していた。

小さな女の子が歌を歌っていると、大抵の大人は、その子が
歌うのが楽しくて仕方ないんだろうと思うに違いない。子供
には何かの使命感があるわけでなく、純粋に音楽とかを表現
するのが楽しくてやっているものだ。
けれども僕の場合は違った。音楽を楽しむ余裕なんてこれっ

ぽっちもなかった。

ただひたすら音程を外さないことに集中していた。ママは全部ののど自慢大会で入賞しないと気が済まなかったから、僕は完璧に歌わなきゃというプレッシャーと勝って賞金を持って帰らなきゃというプレッシャーで押しつぶされそうだった。入賞できなかったりしたらまた後でママに殴られるから。

負けたりしたら、その日一文無しなのは全て僕のせいだった。熱でダウンしてのど自慢大会に行けない時も、ママに言わせればそれは僕の責任だった。

どんなに気をつけていても外に出れば風邪をもらってくることだってあるのに。

一度泥棒に入られたことがあった。ママが僕がのど自慢大会でもらってきた賞金から貯めておいた3,000ペソ（約6,600円）を盗まれたんだ。ママは火がついたように怒ったけれど、それをみてサンドラねえさんと僕は余計に震え上がった。必死になって探してようやく一位になると8,000ペソ（約17,600円）の賞金が出るのど自慢大会を見つけた。勝ててよかった！　賞金を持って帰ってようやくママの怒りは収まった。

ママはお金がある時は僕に優しかった。だから僕はいつも賞金を持って帰るのに躍起になっていた。

ある時、僕たちは効率よく稼いでやろうと、バタンガス州の二つの町で同じ日に行われていた同じのど自慢大会を掛け持

ちした。一つの大会で歌い終わるとすぐにもう一方の会場へ
急いだ。

もう一方でもすでに残っているのは最終の3組になっている
はずだった。

ママは強引に僕を引きずって走り出した。自分で走ることも
出来たけれど大股で走って行くママには追いつけなかった。
強引に引っ張られてまた膝に怪我をした。

本当に情けなかった。ママは僕が怪我をしてることなんかお
かまい無しだった。

もう一方の大会には間に合わなかった。僕たちは失格になっ
て3,000ペソを取り損なった。

ママはぐずぐずしていたからだと僕を責めた。僕はうなだれ
るしかなかった。

しかし最初の大会では僕は入賞していて賞金をもらうことが
できたから、ママはなんとか機嫌を直してくれた。

稼ぎ続けるために僕たちはラグナ以外にも遠征するように
なった。

テレビ局主催の新人コンペティションにも出るようになった。
Batang Kampeon（キッズチャンピオン ABS-CBN 主宰）、
Birit Bulilit（ちびっこ歌自慢　GMA テレビ主宰）、Bulilit Star
Quest（ちびっこスター誕生 ABS-CBN 主宰）、Duet Bulilit
（デュエットキッズ ABS-CBN 主宰）、Bulilit Pop Star（ちびっ
こポップスター）などなど……。

中でも ABS-CBN が主催した一番大きな大会のリトルビッ
グスター（Little Big Star）にママは最もご執心だった。選

曲から衣装選びまで、全てママはあれこれ指図した。

結局一等賞にはなれなかった。その時ママはこんなのイカサ
マだと気休めを言っていたけれどそんなことはなかった。

一位になった子*は歌もダンスも素晴らしかった。明らかに
トータルで僕より良かった。

> ＊この時１位になったのは男性シンガー、サム・コンセプション（Sam
>   Concepcion）。現在も人気 R&B シンガーとして活躍している。

＊

コンテスト荒らしだった頃を振り返ると、キツかった思い出
ばかりで何一つ子供らしいことをさせてもらってなかった。

家では早くから虐待されていたし、コンテスト会場では僕は
大人ってこんなにも残酷になれるんだと思い知った。

ある時他の出場者から嫌がらせをされた。

僕がステージで歌っている最中にいきなり音響の電源を抜か
れたんだ。

こんなこともあった。

前の年に最高賞をとったコンテストにもう一度出場させても
らえることになった。

結局僕は入賞を逃したんだけれど、受賞者の発表の後ママは
「なんでうちの子がなんにもなしなの？　どうみたってうち
の子があの子達に負けてるとは思えないんだけど！」

と詰め寄ったんだ。

主催者はコンテストが終わってしまってからこんな言い訳を
した。

「おたくのお嬢さんは去年すでに入賞しているから今年の受
賞資格はないんです」
天蓋のある会場でお互いがののしりあう声を響き渡らせた
時、僕は心底嫌になった。
イカサマだらけのコンテストとそれに群がる意地の悪い連中
の集まりを見た思いだった。

コンテスト荒らしになってもう一つ学んだことは、子供時代
に過酷な仕事を経験すると早くに『老成』してしまうという
ことだった。
僕はまるでコールセンターで働いているみたいだった。コー
ルセンターじゃひっきりなしに鳴る電話を次から次に取って
いくように、僕の場合はひっきりなしに開催されるコンテス
トに出場して歌いまくるのさ。
いくら稼いでも僕は自分がもらった賞金を手したことも使っ
たこともなかった。
お金はまっすぐママの懐へ飛び込むんだ。
そのおかげでママは変わってしまった。ママは守銭奴のよう
にお金に振り回されるようになった。だから僕はあんな風に
だけはならないと心に誓ったんだ。
何か一つくらいコンテストガール時代の楽しかった思い出を
書きたかったけれど、本当に何もない。あえて良かったこと
を挙げるとすれば、
僕はなんでも努力することを惜しまない人間になれたという
ことだろうか。

CHAPTER 4

Making of Charice
スター誕生

"I don't care. Put her on your show."
That was how I ended up on *David
Foster and Friends*, a TV special
featuring music heavyweights
Andrea Bocelli, Josh Groban,
Michael Bublé, and more.

「いいのよ、とにかくこの子をあなたのショーに出してやっ
てちょうだい」
　オプラの一言で僕はデイヴィッド・フォスター＆フレンズ
の一人としてテレビショーに出演することになった。ショー
にはアンドレア・ボチェッリやジョシュ・グローバン、マイ
ケル・ブーブレほかそうそうたるメンバーが顔を揃えていた。

ペンペンコさん？　あなたがペンペンコさんですか？

二人のアメリカ人警官が僕を探して機内に乗り込んできた。

僕はすぐにママの方を振り向いて

「何か盗んだりしなかった？」

と尋ねた。

こういう時、僕はママのことをちょっとだけイジってみるんだ。

ママはホテルの客室に備え付けてあるシャンプーやボディソープやらをすぐに盗ってくるからだ。

多分その時もお土産にといって何か持って帰ろうとしていたに違いない。

「何も盗ってないわよ、シャンプー一瓶と……タオルだけよ」

案の定だった。

とにかく警官は僕たちを飛行機から降ろした。

僕たちは自分たちの荷物を乗せたまま飛び立っていく飛行機を虚しく見つめるばかりだった。

いくら尋ねても警官は僕たちがなぜ引き止められるのか教えてくれなかった。

「僕たち何かしました？」

と尋ねると警官は一言、

「ああ、オプラ・ウィンフリーが君に会いたがってるんだとさ」

空港の外にはリムジンが迎えに来ていた。

ママにもう一度訊いてみた。

「いったいどう言うこと？本当にオプラのオフィスで何もし

てない？」

ママは僕を睨み返してきた。

「そういうあんたはどうなんだい？　何か盗ったりしたんじゃないだろうね？　ジョシュ・グローバンがオプラにプレゼントした人形か何か？」

「僕何も盗ってないよ！」

僕は思わず声をあげた。

リムジンが走り始めてオプラの家に向かう途中ずっと僕たちは罵り合った。

それにしても一体僕たちはオプラに何をしたというのだろう？

オプラが代表をしているシカゴの映画会社ハーポスタジオに着くと僕たちはがらんとした会議室に通された。

会議室にはママと僕だけだった。

僕たちはだんだん不安になってきた。特に相手がアメリカ人だったからママのビビリようったらなかった。

これがもしフィリピン人相手だったなら、ママはいつもの強気な調子でいただろう。

未だになんで僕たちは足止めを食っているのかわからなかった。

とうとうオプラが入ってきた。

ノーメイクでカジュアルな格好、ついさっきまで自宅でくつろいでいたかのようだった。

彼女は僕のそばに腰を下ろして言った。

「ねえ、あなたの生い立ちを話してちょうだい、助けになりたいの」

オプラとの一件があったのは僕たちが夢のようなアメリカ旅行からの帰りの道中だった。

きっかけはフォールス・ヴォイスというアカウント名を名乗る僕の熱烈なファンが僕のステージの模様をビデオに撮ってインターネットにアップしたことだった。
彼はタレント発掘番組リトル・ビッグ・スターで僕が歌ったホイットニー・ヒューストンの『I Will Always Love You』をYoutubeにアップしたんだけれど、それをスウェーデンにあるレコード会社の社長が見ていて、僕を使って6曲をレコーディングしたいと申し出てきた＊。

　＊この時レコーディングされた曲の一つはシャリースのフィリピン
　　デビューアルバム（2008年）にも収録されている。

それから僕は当時韓国で放映されていたスター・キングというタレントショーに招待され、ジェニファー・ハドソンの『And I am Telling You, I'm Not Going』を歌った。番組では韓国の人気ボーカルグループ　スーパー・ジュニアとも共演したんだ。
その後しばらくして僕はアメリカの番組デイリー・テン＊で二度取り上げられた。

　＊デイリー・テン（Daily Ten）：2006年から2010年にかけて米国

のケールブテレビで放映されていたエンターテインメント番組。

１度目で僕は
「スター誕生！」
と題して紹介された。
２度目は番組の編集者が僕をハリウッド・ロイヤルティの一人に加えて
「クイーン誕生！」
と紹介された。

振り返ってみると2007年は僕にとって最高の一年だった。フォールス・ヴォイスがアップしたビデオのおかげで僕の人気はうなぎのぼりだった。ビデオは３ヶ月で1300万アクセスを記録した。フィリピン人はもちろん、地球の裏側まで僕を見てくれる人がいたんだ。
それだけじゃなかった。もっと大きな出来事がまだこの後に待っていた。
それは、エレン・デジェネレス・ショーの責任者から電話があって僕は番組にゲストとして招待されたことだった。

エレンの番組から招待の電話があったことを話した時、最初ママは全然関心がなかった。
「エレン？　知らないねぇ、何処の馬の骨だか……」
ママは取り合わなかった。
僕が
「エレン・デジェネレスはアメリカでは有名な司会者なんだよ」

と教えてあげると

『アメリカ』

という言葉を聞いた途端、ママは目を大きく見開いた。

「なんだって!?」

ママはやっと道がひらけたと思って興味津々で僕の話を聞いた。

僕たちは 2007 年の暮れにアメリカに飛んだ。

僕はエレン・デジェネレス・ショーでジェニファー・ハドソンの『And I Am Telling You, I'm Not Going』とホイットニー・ヒューストンの『I Will Always Love You』の 2 曲を歌った。

アメリカまでの航空券からビザの手配、ホテル代まで何もかもエレンの番組が手配してくれた。番組のおかげで滞在中はいろんなことに挑戦できた。他のオーディションも受けることができたんだ。

僕がデイヴィッド・フォスターに初めて会ったのもこの時だった。

僕はネット上で僕のレパートリーとして広く知られていた 2 曲を披露したけれど、最初デイヴィッドは僕に興味を示さなかった。僕のことを気に入らなかったわけでもなさそうだったけれど、僕にはオリジナリティがないと思ったんだ。

デイヴィッドは的確な判断が出来て、しかもそれを包み隠さず話す人だった。

ささやかなアメリカン・ドリームを体験させてもらった思い

出を胸に僕は帰路につこうとしていた。ところが僕が出演したエレン・デジェネレス・ショーを見た一人に、ある重要な人物がいた。

それがオプラ・ウィンフリーだった。

オプラはエレンに電話してエレンがこの先僕のことで具体的に計画していることがあるか尋ねた。

オプラは

「シャリースに私のショーに出て欲しいと思ってるんだけど」

エレンはオプラの申し出を快諾した。

そして2008年のはじめ、世界中の視聴者が見ているオプラ・ウィンフリー・ショーに出演した。

正直、僕はもうここまでだろうなと思っていた。

僕の歌はインターネットにアップされてしばらくの間人々の間で話題になるだろうけれど、すぐに次のスターが出てきて僕のことは忘れ去られるに決まっている。

けれども神様は次のチャンスを与えてくれていた。

僕が世界で最も影響力のある女性の一人オプラから言われて忘れられないのは

「私はあなたの味方よ」

それは初めて楽屋裏でオプラと一対一で話をしたときのことだった。

ママもそばで聞いていたから僕はこれまで教え込まれていた『台本』通り話すことに必死だった。

僕はオプラにフィリピンのタレント発掘番組　リトル・ビッグ・スターに出場したときのことをかいつまんで話した。落選して、敗者復活でもう一度歌ったけれど結局1位になれなかったときの顛末を。

大事なことは、カメラが回っている時や有名人に聞かせる時に、ママが作った僕たちのイメージ通りに話すことだった。

ママは夢を叶えるために心血を注ぎ、一人で僕たちの面倒を見てきた健気なシングルマザーだという僕の話はママのイメージを決定付けた。

僕はオプラにこれまでの8年間、諦めたくなったりもしたことが何度もあったけれど、コンテストで歌い続けることができたのはママのおかげだとも話した。

オプラは
「そうだったの、でも絶対諦めちゃダメよ、きっと素敵なことが起こるから」
と太鼓判を押してくれた。

すぐさまオプラはデイヴィッド・フォスターに電話をかけて
「この子をプロデュースして欲しいの」
と持ちかけた。

電話の向こうでデイヴィッドは初めて僕の歌を聴いたときの印象をオプラに話していたんだろうと思う。
「シャリースはまだ子供だし、オリジナリティも確立されてないからね」
しかしオプラは引き下がらなかった。

（二度目にオプラ・ウィンフリー・ショーに出たとき、デイ

ヴィッドはオプラに「この間はちょっと冷たく言い過ぎたかな」と話していたようだ）。

「いいのよ、とにかくこの子をあなたのステージに出してやってちょうだい」

この一言で僕はデイヴィッド・フォスター＆フレンズの一人としてテレビショーに出演することになった。

ショーにはアンドレア・ボチェッリやジョシュ・グローバン、マイケル・ブーブレほかそうそうたるメンバーが顔を揃えていた。

「オプラはこれ！　と思い立ったらかならず成し遂げる人なのさ」

のちにデイヴィッドがオプラのことをこんな風に語っていた。

＊

僕のアメリカでの成功はオプラのおかげだと言っても過言じゃない。

何もかもがあの時オプラがデイヴィッドにかけた一本の電話から始まった。

　アジア出身のアーティストとして初めて全米アルバムチャートのトップ 10 入りを果たしたこと、

セリーヌ・ディオンやアンドレア・ボチェッリとの共演、

アメリカのテレビ番組「グリー」でサンシャイン・コラソン役で出演したこと、

サルマ・ハエックやケヴィン・ジェイムズ、それにヘンリー・ウィンクラーが出ているスポーツ・コメディ映画「Here

Comes the Boom（邦題：闘魂先生　Mr. ネバーギブアップ）」のマリア・デ・ラ・クルーズ役をもらえたこと、全部オプラがいてくれたからこそ実現できたんだ。

オプラは僕のために本当に心血を注いでくれた。彼女は僕が今どこでどんなオーディションを受けているかも気にしてくれていたんだ。

あるオーディションでキスシーンがあった。僕は断りたいんだけれど言い出せずにどうしようかと悩んでいたところ、思いがけなく助け舟を出してくれたのもオプラだった。オプラが電話をしてくれた時は既に台本も大方のことが決まってしまっていたけれど、見事にキスシーンはなくなっていた。

オプラは僕に成功のきっかけを作ってくれただけじゃなかった。僕にきちんとギャラが払われるようにも手を回してくれた。

僕がアメリカでデビューした時はまだ未成年でお金のことはママが全部管理していたから、一体いくら支払われているのかも良くわかっていなかった。

僕は洋服を買うのにギャラの中から 5,000 ドルちょうだいとママに頼んだことがある。僕がママにお願いした最高金額だった。5,000 ドルといえば僕にとっては大金だったのでなんだか後ろめたい気持ちになった。けれどもファンのみんなは、セレブならいつもブランド物の服を着て出歩いているんだろうなと思っているからね。

僕が自分のお金を自分で管理できる一人前の大人として初めて会計士にあった時、僕のギャラがいくらなのか教えてくれ

たんだけど本当に驚いた。

僕のギャラはツアーに出れば60万ドル（約7,000万円）、プライベートイベントで30万ドル（約3,000万円）、スポンサー契約を結ぶと100万ドル（約1億1,000万円）。

その時までに稼いだトータルは1,600万ドル（約17億6,000万円）にもなっていたんだ。

＊

稼いだ金額にも確かにびっくりしたけれど、それは僕が体験したことのうちの一つでしかなかった。

アメリカ時代でもっとも印象的だったのはいろんなセレブリティに会えたことだ。

仕事上の付き合いだけの人もいるし仲のいい友達になった人もいるけれど、とにかくフィリピンにいる時には夢にも思わなかったことだった。

セリーヌ・ディオン、ナタリー・コール、モハメッド・アリ、ホイットニー・ヒューストン、アンドレア・ボチェッリ……挙げていけばきりがない。

セリーヌ・ディオンとはマディソン・スクエア・ガーデンで一緒に歌ったんだけれど、ショーの前、彼女は自身の本当の姿を僕に見せてくれた。

最初、僕たちの楽屋は別々の部屋があてがわれていたけれど、セリーヌが僕を彼女の楽屋に呼んでくれたんだ。

セリーヌは本当にやさしかった。楽屋ではまさしく僕の子供の頃からの憧れだったセリーヌ・ディオンが完璧にメイクを

仕上げている姿を見ることができた。彼女が使っている化粧品セットや化粧台はとても使い込まれていてちょっとガタがきていた。鏡にはセリーヌの子供の頃の写真とこれまでのステージの模様を撮った写真が貼られていた。

それらをまじまじと見つめる僕に気づいたセリーヌは

「化粧品も化粧台も、全部デビューした時のものをずっと使ってるの」

と説明してくれた。

会場裏にはクルーがいっぱいいてみんなコンサートの準備に余念がなかった。

ステージに上がりながらセリーヌは

「みんな私が19歳の時から一緒に働いてくれているのよ」

と教えてくれた。

見渡すと、年配で白髪交じりの人もいた。何十年も一緒に働いている彼らはセリーヌの人柄も表していた。僕が今自分のチームを作って彼らとお互いに協力しながらやっていけているのはこの時受けた印象が強いんだと思う。

故ナタリー・コールは今まで出会った中で一番素敵な人の一人だ。

僕たちは二人ともデイヴィッド・フォスター＆フレンズのツアーに参加していた。ナタリーは僕にとても素敵なバッグをくれたこともあったんだ。

最後に彼女に会った時には僕はもう自分がレズビアンであることを公表していた。

その時彼女の病状はとても悪く、車椅子に乗っていてひどく

苦しそうだった。しかし彼女は僕に微笑みかけてくれ、ハグをしてくれた。

「とても素敵よ」

ナタリーは僕をしっかり見つめながらそう言ってくれた。僕はそんなに具合の悪い彼女を見るに忍びなかった。

「ジャケットをプレゼントしようと思って」

僕はナタリーにそう言った。

付き添いの人はナタリーにそろそろ帰る時間ですと優しく促していたが、ナタリーは僕がプレゼントを取ってくるまで待ちましょうと言ってくれた。

僕が持ってきたフライトジャケットを手渡すと彼女は嬉しそうな表情をみせてくれた。

そして彼女はステージで自分の出番が来た時のようにそのジャケットを羽織ってくれたんだ。

ほんの短い時間だったけれど、彼女が亡くなる前に一緒の時を過ごせたことをとても感謝している。

僕は故モハメッド・アリが毎年開催していたセレブリティによるチャリティイベントでも歌った。

僕が参加したのは2009年でボン・ジョビやジョシュ・グローバンらが来ていた。

その頃伝説のボクサー　モハメッド・アリはパーキンソン病を患っていた。僕は自分の歌で少しでもリラックスしてもらえたらと思ったんだ。

僕はマイケル・ジャクソンの『Billie Jean』とモハメッドの有名なテーマソング『Ali Shuffle』を歌った。これには彼も

にっこりと笑ってくれた。そして僕が台の上に上がって歌っ
たグロリア・ゲイナーの『I Will Survive』を聴いた時には
モハメッドと彼の奥さんは涙ぐんでいた。

歌い終わるとモハメッドは立ち上がってハグをしてくれた。

アメリカ時代を思い出す時どうしても外せないのがホイット
ニー・ヒューストンのことだ。

僕はビバリー・ヒルトン・ホテルでホイットニーに会った。
後にホイットニーはその同じホテルで亡くなることになる。
僕がホイットニーに紹介されたのは彼女の遺作となるアルバ
ム『I Look To You』がリリースされる少し前で、僕は発売
前に全曲を聴かせてもらえた。

ホイットニーはとても素敵な人で、今でも僕の1番のアイド
ルなんだ。

彼女は僕のことをデイヴィッド・フォスター＆フレンズで
映画ボディーガードのメドレーを歌った女の子だと覚えてい
てくれた。

彼女が僕に語りかけてくれたことは今でも忘れられない。

「すごく上手に私の曲を歌ってくれるのね」

僕はなんと言っていいのかわからなかった。

「あなたのバージョンを聴けて私はとてもハッピーよ」

それ以来、もうインターネットでいくらバッシングされても
全然気にならなくなった。だって本人が僕の歌を聴いてハッ
ピーだって言ってくれたんだよ。外野から何を言われても関
係ないさ。

この言葉を思い出す時僕は生きていてよかったと心から思え

るんだ。

スターの自宅に招かれるのも素敵な体験だった。
一度アンドレア・ボチェッリのぶどう園で彼と彼の奥さんと
１日過ごしたことがある。
彼は世界的に有名なテノール歌手なんだけれど、僕は彼のご
くカジュアルな日常生活を垣間見ることができた。そこでの
彼は半ズボンにＴシャツといういでたちだった。
その時僕はまだ未成年だったからセラーにある上等なワイン
を味わうことはできなかったけれど、ぶどう園のゴージャス
な雰囲気だけで酔ってしまった。
その日は僕たちが出演するコンサートがあって僕は彼をアシ
ストする役目だった。世界的なスターである彼を先導する役
目になって僕はたいそう緊張した。もし僕がトチったりした
ら、彼も大勢の観客の前で恥をかくことになる。それにテレ
ビやYoutubeでも中継されるんだ。
しかし神様が味方してくれたらしい。僕はなんとかその大役
を務め上げた。

最も心残りなことはキング・オブ・ポップ、マイケル・ジャ
クソンとの共演がかなわなかったことだ。マイケルの弁護士
の一人が、僕がイベントで『Billie Jean』を歌っているのを
見てとても感動したらしく、非公式にだけれど僕にマイケル
のコンサートに出演することを打診してきていたんだ。悲し
いことにそれが叶う前にマイケルは亡くなってしまった。

スターダムに登り詰めるためにデイヴィッド・フォスターが
教えてくれた教訓にこんなのがある。
それは『もしスーパースターになりたいのなら、決して他の
スターに対して『ファン』のように振舞わないこと、どんな
に憧れの人の前でもはしゃいだりしてはいけないよ』
というものだった。
あるアカデミー賞のパーティで偶然大ファンだったデミ・
ムーアを見かけた僕は興奮と緊張でカチカチになりながら
「一緒に写真を撮ってもいいですか？」
って尋ねたんだ。
するとデイヴィッドがいたずらっぽくこう言うんだ
「なんだ、もうスターになるのは諦めたのかい？」
ってね。
結局デイヴィッドはデミを紹介してくれたんだけどさ。

今でも懐かしく思い出す出来事は他にもいっぱいある。
パリス・ヒルトンはイベントの打ち上げの時、楽しい話で和
ませてくれたし、マイリー・サイラスとはメーシーのサンク
スギビング・デイ・パレードのステージに向かう移動バスの
中で隣り合わせになったんだけれど、お互いよく知らなかっ
たから恥ずかしそうに微笑み合うだけだった。アーロン・カー
ター - 彼はバイセクシャルであることをカミングアウトして
いたんだけれど - はテレビ番組「Price」で兄貴みたいな存
在だった。ジョーダン・スパークスとは電話番号を交換した。
デイヴィッド・アーチュレッタとはよく一緒に遊びに出かけ
た、デイヴィッドとは馬が合うんだ。タイタニックのケイト・

ウィンスレットにも握手してもらったしアリシア・キーズにも会った。ジェシー・マッカートニーと一緒にラジオ番組に出演したこともあった。

けれども僕がセレブたちと撮ったセルフィーは一枚もネットにアップしていないんだ。理由の一つはただのファンだとか有名人の尻馬に乗ってるだけだって思われたくなかったのと、もう一つ、彼らと会ったり一緒に仕事をしたことを自慢するのは好きじゃなかったからね。いいことがあった時はアパートに帰って一人でバカみたいにはしゃぐだけで十分だったから。

＊

こんな風に書くと、僕は夢のような世界を謳歌していたと思われるかもしれない。
だけど一歩ステージを離れるとそこには全く違う世界が広がっていた。僕の名前が知れ渡るほど、同時に僕の苦痛も膨らんでいったんだ。
成人すると、所属事務所は僕をセクシーな女性シンガーとして売り出そうとしはじめたから、僕はだんだん耐えられなくなってきた。
僕にもっと胸の谷間を強調するような仕草を求めてきたし、体重管理にも口を出すようになってきた。
「シャリースはちょっとエラが張り過ぎてるな」
そんなことも言われ出した。
シングル曲『Louder』のミュージックビデオを撮った時は

本当に落ち込んだ。

スタイリストたちは僕の衣装についてあれやこれやと議論していた。

「シャリースがとびっきり可愛く見えるようにピカピカのドレスを作ってきたわよ！」

僕はもう何も言うことはなかった。

僕は鏡を見るたび自分に自信がなくなってきた。

僕はモデル体型じゃない。それにモデルのように太ったり痩せたりも思いのままに出来やしない。僕の胸は意に反して大きくなかったし、誰もが頷くほど大根足だった。脇だってムダ毛処理や黒ずみに気を使っていつも綺麗に手入れしとかなくちゃならなかった。

自分自身の性的指向のことは秘密だったから、言われた通りに振る舞うことを求められるのはとてもプレッシャーだった。金のためにセクシー路線を押し付けてくる連中が嫌でたまらなかったけれど、そこはぐっと飲み込まなくちゃならなかった。あの頃の僕は一家で唯一の稼ぎ手だったからね。もし僕が自分の思うままに行動したなら途端に一家が路頭に迷ってしまう。

ミュージックビデオの撮影はとても楽しみにしていた仕事なのに、現実は違った。

僕は自分がしてきたことに誇りを感じてはいるけれど、同時に全部僕以外の誰かのためにやってるようなよそよそしさも感じていた。

「僕が頑張ればきっと誰かのためになるんだろうな」

「もっとハングリー精神のある、身も心も普通の女の子がや

れば完璧にできるのに」
そんなふうに思うことさえあった。

デイヴィッド・フォスター＆フレンズのアジアツアーでは
僕の気持ちはもっと荒んできた。
口に出して言いたくてしょうがなかった。
『もう All By Myself は歌いたくないよ』
『この曲が嫌いとか、高音を出すのがキツイとか、そんなん
じゃないんだ。ただ単にこれは僕のことを歌った歌じゃない
から』
本当はボーイズⅡメンのヒット曲をやりたかったし、マイケ
ル・ブーブレの『Home』で観客を魅了してみたかったし、
セリーヌ・ディオンとアンドレア・ボチェッリがデュエット
した『The Prayer』の男性パートを歌ってみたかった。
けれどもデイヴィッド・フォスターやマネージャーのマーク・
ジョンストンをガッカリさせたくなかったから言われた通り
の曲を歌うしかなかった。
ある時、勇気を振り絞って打ち明けてみた。
「女性シンガーの歌い上げ系の曲を歌うのは体力的にもキツ
イんだ」
しかしみんなは僕をなだめようとして
「大丈夫だよ、心配ないよ、君はちゃんと出来てるじゃないか」
と言うばかりだった。
僕はその時一層の事何もかもぶちまけてしまおうかと思っ
た。しかしやっぱりそれだけはできなかった。そんな気持ち
をぐっと圧し殺して予定通りファンでいっぱいのステージに

立って見ると、みんな立ち上がって手を打ち鳴らしながら声援を送ってくれている。

それをみるとまた僕の中の『芸能人魂』が首をもたげてくるんだ。僕の歌ってる姿を見て盛り上がってくれるのは本当にありがたいことだった。

「ほら、みんなお前のことが大好きなんだよ！」

僕は自分自身に言い聞かせた。

けれどもそんなハイな気分も一時的なことだった。心の中では、もしシャリースというパッケージの下にある僕の本当の姿を見たなら、みんなはどう思うだろう？　同じようにファンでいてくれるだろうか？　そんなことが頭に浮かんでくると僕は恐怖のあまり地面に真っ逆さまに落ちていくような気持ちになってしまうんだ。

もし君が、僕がアメリカへ行って活躍したような機会を自分も与えられたいと思っているなら、僕から少しアドバイスをしておこう。

僕は心から君のことを応援するし、成功することを祈っている。

しかしもしインターナショナルな成功が本当に君の望みなら、それに払う代償も大きいってこと。

僕がシャリースでいることはそんなに容易いことじゃなかったんだよ。

アメリカに渡った時、僕は本当に何も持っていない一人の貧乏なフィリピン人だった。あるのは持って生まれた声とステージに上がった時に目一杯絞り出すことのできる情熱だけ

だった。

いっぱい「ふるい」にかけられたし、拒否反応や差別待遇にさらされたこともある。

もちろん国内で成功を収めたフィリピン人アーティストが世界に打って出たくなるのもわかるよ。

それでも中には成功を収めるのが目的じゃなくって同世代のアーティストとのライバル心に駆り立てられているだけの人もいるだろう。人の上に立ってやろうという野心は自分がそれまで積み重ねてきたものの貴重さも忘れさせることがある。アメリカでは自分が母国でどんな活躍をしてきたかなんて関係ないから。

ハリウッドに来たならば君は何も持たずに戦うことになるんだ。

アメリカ時代を振り返ると、確かに夢のような毎日だったけれど、同時に圧倒されるばかりの日々でもあったんだ。

他のセレブ達とも当然比較されるし、何かを完璧に掴み取るのにはとてもプレッシャーがかかった。あの頃は事務所に振り回されているだけと思っていたけれど、今にして思えばそうじゃなかった。自らこうしようと積極的に行動したことは何もなかった。

マネージャーのマークにもデイヴィッドにもオプラにも、僕の本当の気持ちを話したりとか、彼らが提案してくることに待ったをかけたりしたこともなかった。

ただそんな気になっていただけだった。

もし僕がちゃんと自分の気持ちを話したなら彼らもわかって

くれただろうに。

*

18歳になった時、アメリカの事務所からママはもう僕の仕事には帯同しないことを告げられた。

彼らによると、アメリカでは成年に達したら全ての事柄は本人とのやりとりになるそうだ。

ちょうどママがフィリピンに帰っていた頃の話だ。というのも僕にはガールフレンドがいるということをメールで告白したら、ママは怒って帰ってしまったんだ。こればっかりはどうしても面と向かっては言えなかった。

それまで僕とそのガールフレンドとの関係は絶対の秘密だった。

彼女はデイヴィッドのサウンドエンジニアでとても快活な人だった。彼女は僕にありのままの自分でいるよう背中を押してくれた人でもあった。彼女は長いことデイヴィッドの下で仕事をしていて、デイヴィッドと彼女の絆はとても深いものだった。

僕はまだ自分自身のことを公表していなかったけれど、一番わかって欲しかったのはやっぱりママだった。もう十分夢は叶えてあげたんだから今なら僕のことも受け入れてくれるんじゃないかと思ったんだ。

けれどもママはすぐさま辛辣なメールを返してきた。

メールにはありとあらゆる罵詈雑言が並べてあった。

「この悪魔！」「罰当たりめ！」「馬鹿野郎！」

「いいかい、お前がここまで成功したのもママ達の犠牲のお

かげだってこと忘れるんじゃないよ！」と釘を刺してあった。
ママは僕がガールフレンドを作ったことを恩知らずなことと
思ったらしい。怒ったママは僕が買い与えたものに火をつけ
て回った。
考えつく限りの悪態に溢れたメールを受け取った日の夜、僕
は元々僕のファンで今は大の仲良しになっているブロブロ＊
にスカイプ電話をかけた。

　　＊ブロブロ（Bro-Bro）：フィリピン人のニックネーム。本名やその人
　　　のキャラクターを表す単語の一部を２回繰り返して使うことが多
　　　い。

そしてその日のママとのやりとりを全部話したんだ。
「もうこんなこといつまでもやっていられないよ」
僕は泣きながらブロブロに気持ちを打ち明け、ビールをあ
おった。
僕はだんだん意識がぼんやりしてきた。パソコンの画面に向
かって話しかけているつもりだったけれど感覚が麻痺して頭
が混乱してきた。僕はブロブロに断ってノートパソコンのカ
メラの視界の外に出た。そして薬箱から睡眠薬をごっそり出
してきて一気にビールで流し込んだんだ。

僕はパソコンへ戻りブロブロに
「もう寝るよ、おやすみ」
といって画面を閉じた。
それが初めての自殺未遂だった。

＊

目が覚めたら病院のベッドの上だった。

電話を切った時になにか嫌な予感がしたブロブロがアメリカに住んでいるティナねえさん（彼女も最初は僕のファンだったけれど今は友達になったうちの一人だ）に電話してくれた。

ティナねえさんは僕のアパートに駆けつけてくれて、すんでのところで僕を救ってくれたんだ。

病院に着くとすぐに僕のガールフレンドにも連絡してくれた。

助かったことを僕自身が良かったと思っていると考える人は多いかもしれないけれど、そうじゃないんだ。生きていることがわかって僕は悲しみのどん底に落とされた気分だった。

頭の中では泣きながらぐずっていた。

「なんで起き上がったんだよ!?」「なんでまだ生きてるんだよ!?」

アメリカに住んでいる僕の親友はみな、フィリピンにいるママに連絡しなくちゃって言っていたけれど、それはまだみんな僕のママのことをよく知らないからそう考えただけなんだと思う。

案の定、ママは僕が自殺しようとしたと聞いても素っ気ない反応だった。

「いい加減にシャリースをかばうのはおよし、あの子は大げさな嘘を言ってるだけなんだよ！」

みんなの心配をよそにママは傷口に塩を塗るような言い方で

返してきたんだ。

僕はママの気を引こうと思ってこんなことをしたんじゃない。本当にただ死んでしまいたかっただけなんだ。死ねばもうこんなに苦しまなくても済むから。
しかし生きながらえた今、ひょっとしてママがこのことを知ったら心配するかも、実の子を失くしそうになってパニクるかとも思った。けれどもやっぱりママは僕のことをこれっぽっちも思ってなんかくれなかった。
この時、やっぱりママと僕との仲はどうしようもないんだと思ったんだ。

その頃僕のマネージャーだったマーク・ジョンストンは僕とママの関係をある程度知っていた。
マークはメイクさんにママが僕の腕に作ったアザをステージで目立たないようにしておくよう指図した。それは僕がデイヴィッド・フォスター & フレンズのショーでセリーヌ・ディオンの『To Love You More』と『All By Myself』を歌った日だった。
マークは時にはママに直接言うこともあった。
「お母さん、アメリカじゃそんなことをするのは許されないんですよ、あなたのやっていることは児童虐待です！」
ママは言い返した。
「あたしは親として何も文句を言われるようなことはしてないよ！」
マークは僕が 18 歳になるとすぐにママをクビにした。

マークは言った。
「もう潮時だよ」

＊

チーム・シャリースのメンバーは会議室に集まっていた。
マークのスタッフがテーブルを囲んでいた。
ママの反応がわかるようにみんなとフィリピンにいるママとはスピーカーホンで繋がっていた。
「結論から言うと、シャリース、君はもう自宅へ帰る必要はないんだ。代わりの住居は事務所が手配する」
みんな頷いた。
僕はただ黙って聞いていた。
回線をつなげるとママが電話の向こうから「ハロー」と呼びかけてきた。
その声を聞いて僕は胸が締め付けられる思いだった。
目の前が霞んできた。
「ママ、僕は……もう家には帰らないよ」
僕はそれだけ言うと椅子に深く腰掛けて腕組みをし、口を固くつぐんでそれ以上一言も言わなかった。
「なんだって!?」
電話の向こうでママはさっと頭に血が上った。
「おかあさん、おかあさん？」
マークが割って入った。
ヒステリーを起こしたママをものともせず畳み掛けた。
「もうシャリースはあなたの家には帰りません」
「シャリースは 18 歳になったんですよ」

「これからシャリースはあなた無しでやっていくんです」

ママは怒り狂った。
そして僕にフィリピン語で罵声を浴びせ始めた。みんなに口
汚い言葉を聞かれようともおかまい無しだった。

吐き気がするようなママとの電話でのやり取りが終わると、
僕はぼんやりと宙を見つめていた。
僕は自分の母親をこんな風にクビにすることにとても罪悪感
を感じていた。けれども同時に、もうママに頭をぶたれな
くて済むと思うとなんだか解放されたような気持ちにもなっ
た。ママの支配から逃れることはずっと自分らしく生きられ
るってことでもあったのだから。

その頃付き合っていた僕のガールフレンドは開けっぴろげな
性格だったから、僕が人前に出るのをビビっているといつも
こう諭してくれた。
「誰もあなたの生き方をとやかく言う資格なんてないのよ」
「もしそんなことがあっても気にすること無いわ」
「あなたの人生はあなただけのものよ」
彼女はこんな風に僕のことを励ましてくれたし「トランス
ジェンダー」と言う言葉を初めて聞いたのも彼女の口から
だった。
ある日、僕はシェールとボノの息子チャズ・ボノ（チャスティ
ティー・ボノ）のことを訊いてみた。
チャズが女から男に性別移行したニュースが頻繁に流れてい

たから。

僕は頭に浮かんだ疑問を次から次に訊いてみた。僕のガール
フレンドは面倒がらずに一つ一つ丁寧に答えてくれた。

「なんで？　チェズはレズビアンなんだろ？　でもどうして
見た目が男みたいなんだい？」

彼女は優しく説明してくれた。

「彼はレズビアンじゃ無いわ」

「彼はトランスマンなのよ」

「何それ？」

「トランスマンていうのはね、女の子の体を持って生まれて
きたんだけれど心の中は男の子で、男として生きている人の
ことよ」

僕はあっけにとられた。

なんだか異次元の世界に迷い込んだみたいだった。しかしそ
こには僕の疑問の答えが全部あったんだ。わからなかったパ
ズルのピースがぴったりうまくはまったようなものさ。

「何年も気づいていなかったけれど、僕はトランスマンだっ
たんだ！」

トランスマンという僕にぴったりな言葉を覚えてとても救わ
れた気持ちになったけれど、同時にとても不安な気持ちにも
なってきた。

僕は自分がどんな人間で、どうしたいのかわかってくるにつ
れて、今度はそれをどうやったらみんなに分かってもらえる
だろうと考えはじめた。すると僕の目の前にはまたしても苦
難の道が広がったような感じがしてきたんだ。

「どうしてロングヘアやミニスカートみたいな女の子っぽい格好が嫌いなの？」
「レズビアンって言っても所詮は女なんだろ？」
「リップスティック・レズビアンで売ったらいいのに？」
こんなことをずっとしつこく訊かれていたから。
だけど僕は違うんだってことをどうやって説明すればいいんだ？
それは僕にとって歌えないくらい難易度の高い曲に挑戦するようなものだった。
だからしばらくの間僕は自分がレズビアンだってことにしておいた。

デイヴィッド・フォスターに『僕は女の子が恋愛対象の女の子なんだよ』って告白するのは難ないことだった。
僕はしょっちゅう彼の家にテレビを見に行ったりしていたし、時には一晩泊めてもらうことだってあった。
ある日僕はオフだったんだけれど、デイヴィッドから
「セリーヌ・ディオンかメアリー・J・ブライジ*に歌わせる曲を書いたから聴きにおいでよ」
と電話があった。

　＊メアリー・J・ブライジ (Mary J. Blige) : 米国の女性 R&B シンガー

みんなでスタジオに入っていた時だった。
デイヴィッドは自分からこう切り出した。
「君たちは付き合ってるの？」
デイヴィッドは僕とガールフレンドとの間に流れる微妙な空

気を読み取ったようだ。

「うん、そうなんだ」

僕は頷いた。

「ホントかい？　そりゃ素晴らしい！」

僕と彼女の間柄をデイヴィッドに説明するのに要したやり取りはたったこれだけだった。

やっぱり彼女の言う通りだった。何も怖気付くことはなかったんだ。

少なくともデイヴィッドに対しては。

＊

それから何週間か過ぎて、デイヴィッドは僕を彼が主催する夕食会に招いてくれた。

会場となった彼所有の別荘「マリブ・マンション＊」は丘の頂上に立てられた広々とした鏡張りの豪邸だった。

　＊マリブ・マンション：米西海岸カリフォルニアにある高級別荘　デイヴィッドが所有していた屋敷は現在別人の所有となっている。

２階建ての屋敷で入り口が上の階にあったから、部屋の移動は上に上がるんじゃなくって階下に降りていくような作りになっていた。

屋敷には映画が観られる劇場のような作りの部屋やレコーディングスタジオ、巨大なキッチンスペース、リビングにはグランドピアノまで備え付けられていた。

招待を受けた彼の友達が一人、また一人とやってきた。バーバラ・ストライザンドにジョシュ・グローバン、ケニーＧ、

その他アメリカの芸能界のそうそうたる面々が集まった。

僕はそこで２曲、ビヨンセの『Listen』とホイットニー・ヒューストンの『I Have Nothing』を歌った。

歌い終わるとデイヴィッドが立ち上がって話し始めた。

「みんな、ちょっと聞いてくれ」

一同は静まり返った。

僕はなんだかそわそわしてきてじっと息を殺して彼が続けるのを待っていた。デイヴィッドがスポットライトの方に歩き出したことにも気が付かなかった。

「みんな、ここにいる女の子、シャリースは僕に自分がレズビアンだってことを告白してくれたんだ」

「そして彼女はなんと、僕のサウンドエンジニアと付き合ってるんだ！」

デイヴィッドは僕のガールフレンドの方を指し示しながら言った。

みんなは立ち上がって僕たちに祝福の拍手を送ってくれた。

バーバラ・ストライザンドが僕のところにやってきてハグをしてくれた。

彼女は手で僕のまるぽちゃな顔を包み込んで

「なんて素敵なんでしょう、おめでとう！」

と言ってくれた。

僕はなんと答えていいやらわからなかった。

言葉を全部忘れちゃったみたいだった。

考えてもみてよ、もしバーバラ・ストライザンドが君の顔を抱きしめて君の目を見つめながら微笑んだりしたら、君だっ

たら気の利いた言葉がすぐに浮かんできたかい？
「ありがとう！」
僕はこの言葉を絞り出すのがやっとだった。

「二人ともおめでとう！」
ジョシュ・グローバンも僕たちの方にやってきてくれた。
彼は僕の彼女のこともよく知っているんだ。
話題は僕がグリーに出演した時のことになった。
彼もグリーに出演していたから。
「楽しかったな？」
「うん、そうだね」
僕は頷いた。
「みんなとっても素敵な人ばかりだったよ」

その夜はみんなリラックスして会話が弾んだ。
中でもバーバラが話してくれたとっておきの暴露話は傑作
だった - 色々と面倒なことになるのでここでは書けないけれ
ど。
とにかく彼女の話にはみんなめちゃめちゃ盛り上がって大爆
笑だった。
本当に人生でこんなことが起こるなんて思ってもみなかった
ような一夜だった。
バーバラにはちょっと人を寄せ付けないようなオーラがあ
るって言われているけれど、秘密話を打ち明けられるうちに、
彼女が実はとっても優しい人なんだってことがわかったんだ。
僕に語りかけている時のバーバラの目を見ていると彼女の誠

実さが伝わってきた。

ママはまだ僕がレズビアンだってことを受け入れられなかったけれど、ここにいるみんなは違った。みんな僕のことをありのままに受け止めてくれた。
だから僕はちょっとずつ自分の仮面を外すことが出来たんだ。

＊

初めてオプラ・ウィンフリー・ショーに出演してから６年後、アメリカで成功を収めた僕は再び彼女の番組に出演する機会を得た。僕は 22 歳になっていて、もう初めて出演したときの可愛らしいロングヘアーの泣き虫な女の子じゃなかった。このときの「シャリース」は髪を金色に染めてメンズもののダークスーツに身を包んでいた。

「ワオ！　とっても素敵じゃない！　また会えて嬉しいわ」
オプラは僕のタトゥーを見ながらそう言って優しく抱きしめてくれた。
彼女は自分の番組「Oprah：Where Are They Now?」のために僕にインタビューをした。彼女とは何年も会っていなかったのに、ずっと僕のことを気にかけてくれていたんだ。
彼女はカミングアウトのことも、ママに虐待されていたことも、とにかく僕に関することは何もかも知っていた。
僕が自分の内側は男だったんだと告げるとオプラは少しも驚いた様子もなくこう話しはじめた。
「私が出会った人の中には早くからゲイとして生きてきた人

もいるしもっと大きくなってから自分らしい生き方に変えよ
うとした人もいる。でもみんな自分の本当の姿には三つか四
つくらいの幼い頃に気づいていたんだって言ってるわ。ところ
であなたはいつ自分自身のことに気づいたの？」
「5 歳の時なんだ」
僕はオプラに自分自身のことを知ってもらえて嬉しかった。
「そういえばあなた、歌いはじめたのはいつの頃からだっけ？」
そういうとスクリーンに僕がまだロングヘアだった頃の写真
が映し出された。
僕は思わず照れ笑いした。
自分の昔の写真を見るのはこっ恥ずかしいものさ。
「そう、その頃だね」

しかしやっぱりまだその頃僕は全部をさらけ出せないでいた。
僕の対外的なイメージはまだ『レズビアン』だった。
カメラが回りだすと
「僕は性別適合手術なんか受けたりしないよ。ショートヘア
にしたりメンズのウエアを着たりすることで十分満足してる
んだ」
と僕はその時になってもまだそんな嘘をついていた。
僕は手術を受けてしまおうとかこれっぽっちも思っていない
なんて嘘を。
僕にはガンダンハリ*みたいに何もかもぶちまけてしまう勇
気はなかった。

　＊ガンダンハリ (BB Gandanghari) : フィリピンの人気タレントで俳優

　　としてデビュー、活動休止期間を挟んで芸能界復帰後トランスジェ
　　ンダーであることを公表した。

僕はレズビアンだと告白したと言っても、それ自体ほとんど
嘘みたいなものだった。
ただの言い訳に過ぎなかった。みんなにわかりやすいように
作ったイメージでしかなかった。
特にフィリピンではトランスジェンダーという言葉など聞い
たこともなかった。フィリピンでは僕のような人のことを表
す言葉はトンボイ（15頁参照）くらいしかなった。
しかしその言葉は全然僕のことを言い表してはいないんだ。
スタッフもファンもボーイッシュな格好をしている僕にはな
かなかうまくなじめなかった。
みんなは僕がまた以前のようにロングヘアの少女になって未
来のデミ・ロヴァートやセレーナ・ゴメスになる存在として
帰ってきて欲しいと願っていた。
「レズビアンって言っても中身は女の子だからな？」
みんなはこんな風に思っていた。全然わかっていないんだ。
みんなに本当の僕をわかってもらうには天高くそびえる壁を
乗り越えなければならなかった。そして僕にはまだその壁を
乗り越えた先で待っているであろう困難に立ち向かう勇気は
なかった。

＊

シャリースとして成功したおかげで、家を買ってあげるとい
う幼い頃ママにした約束は果たすことができた。

弟のコイコイもそうだった。彼はママが広い屋敷の中を歩き
回っても足に負担が掛からないようにふかふかのスリッパを
買い与えた。
僕はママのためにタガイタイ＊に広々とした家を買い与えた。

＊タガイタイ (Tagaytay)：メトロマニラの南に位置する標高の高い避
　暑地。

それからカブヤオ＊に一棟のアパートも。

＊カブヤオ (Cabuyao)：ラグナ湖畔にある街。外資系企業を誘致する
　経済特区や大学などの高等教育機関も立地している。

僕はそのうちの一部屋をスーザンおばさんに、もう一部屋を
おばあちゃんにあげるようママにお願いしておいた。そのほ
かの部屋は誰かに貸せばいい。そうすればママは働かなくて
も食べるのには困らないだろうから。
けれどもママは僕のお願いを何一つ聞いてくれていなかっ
た。それどころかママはその二部屋を独り占めした。おまけ
にその頃付き合っていたボーイフレンドの家族を空いている
部屋に住まわせていたんだ。いくつかの部屋は物置きとして
使われていた。そこにはママの大量の私物が無造作に置かれ
ていた。
カブヤオの家では毎月３万ペソ（約６万６,０００円）も電気
代がかかっていたし、クリスマスシーズン＊にもなれば10
万（約22万円）ペソになることもあった。ママが建物の角
角にクリスマスの電飾を飾り付けていたからだ。

＊クリスマスシーズン：カトリック教徒の多いフィリピンでは盛大に
クリスマスを祝う。9月から12月、英語で末尾に「ber」のつく4ヶ
月はクリスマスシーズンとされ、世界一長くクリスマスを楽しむ
国とも呼ばれている。

それだけじゃなかった。ママは家にインターフォンを取り付
けた。用事があるたびにいちいち自分で階段を上り下りする
のが面倒になったったからだ。
どうしても3階建ての家が欲しいと言って聞かなかったくせ
に。

弟のコイコイは、ママに見た目が瓜二つだけじゃなく、横
柄な態度までママそっくりになっていった。
しまいにはコイコイは何人も雇っているメイド達をこき使っ
て食べ物から飲み物、ミネラルウォーターまで自分の部屋へ
持って来させるようになっていた。
ごくたまに僕たちは一緒に食事をする時があったけれど、マ
マが来て座るまで絶対に食事に手をつけちゃいけなかった。
ママの椅子は自分のだけプラシ天の赤い椅子だった。僕たち
はその椅子に座っても行けなかった。もしうっかり座ろうも
のならママは怒り出してそれ以来ずっと『ブラックリスト』
として目をつけられるだろう。
僕たちはどんなにお腹が空いていてもママが来るのを待って
いなけりゃいけなかった。またママにぐちぐち言われるのが
オチだから。
疲れている時はママは食堂までインターフォンをかけてきて
「何か食べたいんだったらメイドに頼みな」

と言うばかりだった。

苦労して家を建てたけれど、もうここには僕の居場所はない
なと思った。
ママはここは僕の土地じゃないとはっきり言い放った。
「あたしがお前を住まわせてやっているだけじゃないか」
後になってママはこんなことまで言い出したんだ。

アメリカから帰って来る度、ママは僕が稼いだ金をすっかり
遣い果たした。
僕は
「いいさ、また稼げば」
と思うようになっていた。
アメリカに行ってしこたま稼いでフィリピンに帰って全部
使っちまう、その繰り返しだった。
僕はまるで典型的な OFW ₊みたいな気分だった。

　＊ OFW(Overseas Filipino Worker)：フィリピンでは国内に十分な収
　　入を得られる仕事が少なく、家族のために国外で働く者が多い。
　　そんなフィリピン人のことをこう呼ばれている。日本に出稼ぎに
　　来ている労働者も同じ。

骨身を削って外国で働いて家族のために稼ぎを持って帰るん
だ。
いくら稼いでも足りなかった。
ママは 100 万ペソ（約 220 万円）でも一月で使い切ってし
まうんだから。

一番ショックだったのはママが僕が家の建築費用として稼いだ金を使い込んでいたことだった。

僕は家のローンとして毎月50万ペソ（約110万円）を送金していた、もちろん生活費やその他諸々にかかる費用は別に送っていた。

ママの使い込みがわかったのは全額を払い終わっているはずの月から一年が経ってからだった。それにママは僕のサインを内緒で偽造してタガイタイに買ってやったアパートも売り払っていたんだ。

ママが嘘をついてお金をせびったことは他にもたくさんあったけれどこれもその中の一つ。その度に僕が後始末しなきゃならなかった。

一番稼いでいた時でも僕の自由になるお金はわずかだった。

いつも『カツカツの生活』で、2年前には車も売らなきゃならなかったほどだ。おまけに女性ポップスターから一人の男になるため手術を受けようとしていたから僕の懐具合はさらにキツくなった。

僕自身の理想像とファンや事務所が望むアーティスト像とは似ても似つかないものだった。

けれどもそれについては気にしていなかった。性別移行することで起こるだろう困難には覚悟はできていたから。

それにしてもやっぱりママが難癖をつけてきた。もうずっとだったけれど今回も思った通りだ。

ママは大声で怒鳴ってくることもあった。

みんなによく言われたものさ
「君はせっかく大金を稼いでもすぐに使っちまうんだね？
まるで物の有り難みのわからない子供みたいじゃないか」
まさにその通りだ。それが僕の置かれた現実だったんだ。
みんなは僕がハリウッドで豪華な暮らしをしていたと思って
いるけれど、本当は稼いだお金を全部フィリピンに送ってし
まって自分の家すら買えなかったんだ。

僕はだんだんアメリカで暮らすのが嫌になってきた。
僕の周りの人間は、特に僕の家族は、みんな欲に目が眩んで
いた。
世間は、僕が自分に正直に生きはじめたら、僕のことをワガ
ママな奴だって言い出すかもしれないけれど、僕はもう幼い
頃ママに約束した夢を何倍にもして叶えてあげたんだぜ。
「そうだ、こんなこともういいかげんやめよう」
僕はふと思い立った。
「いつも他人のためにばかり働いて。見ろよ、みんな幸せそ
うだ。それで自分は？　惨めなだけじゃないか」

今になってわかるようになってきたけれど、僕は本当に大き
な機会を逃したんだと思う。
僕はいわゆる『スター街道』を歩んでいた。
呼ばれれば何処へだって行き、言われるがままに仕事をして
いれば、やがてはセレーナ・ゴメスやデミ・ロヴァートみた
いになれたんだと思う。
レールは完璧に敷いてあった。

けれども僕はそのレールから飛び降りることを選んだんだ。
スタッフは僕に念を押した。
「本当にやめちまうのか？」
彼らには僕が自分らしく生きるがために全てを失ってもいい
と思っていることがその時になってもまだ信じられなかった
んだ。

「ああ、そうだよ」
僕は短く答えた。
「なあ、僕はいつだって言われた通りにしてきただろ？」
「セレーナ・ゴメスみたいになれだって？」
「デミ・ロヴァートみたいに歌えだって？」
「全部やってきたさ、そうだろ？」
「挙げ句の果てに 3 回も病院送りさ」

僕は金輪際「シャリース」を演じることはない。
もうごめんだったね。

スタッフも最後には僕のことを理解してくれて応援してくれ
た。
なにより、今でも僕たちが繋がっていられるのが嬉しかった。
デイヴィッドは今でも僕がメールを送ったら返してくれるよ。

全てが終わって、本当の僕自身の人生を歩み出す時が来たん
だ。

CHAPTER 5

Daddy
パパへ捧ぐ

He said he was afraid he might ruin my name and the image I had built for myself both in the Philippines and abroad. He didn't want to get in the way of my success.

パパは自分のことが世間に知られると、僕がフィリピン国内だけじゃなくアメリカで築いた名声も台無しにしてしまうんじゃないかと心配していたそうだ。
パパは僕の邪魔をしないように陰に隠れていたんだ。

パパが死んだのは 2011 年 10 月 31 日だ。

警察発表によるとパパはラグナ州はサンペドロにあるランガムヴィレッジのボニファシオ通り沿いの店でなにか買おうとしていたらしい。そこでアンジェル・カピーリという男にアイスピックで刺されたんだ。

犯人は 3 日後に自首してきたらしいけれど、彼が捕まったところで僕にとっては少しの慰みにもなりはしなかった。

パパはもうこの世にいないんだ。

パパは背中や胸をメッタ刺しにして殺されたんだ。

＊

お通夜で僕が泣いていたことをマスコミが報じると、世間はたいそう混乱したようだった。

これまで僕が生放送のテレビのインタビューを受けている時、ママはいつも僕のそばにいるか、観客の中から鋭い視線を浴びせていた。だから僕は自分の家族についていつもの「セリフ」を繰り返すばかりだった。

「シングルマザーだったママは貧しい中、一人で苦労して僕を育ててくれた」

それだけじゃなかった。

僕はパパを極悪人として仕立て上げなくちゃならなかった。

パパは暴力を振るい、薬に溺れた。僕たちはそんな父親からやっとの事で逃れてきたのだと。

＊

2008 年、僕はラグナ州のサンペドロに戻ってきていた。

ピカピカの黄色いトライシクルから飛び降りた僕が、まだパパとママが一緒に暮らしていた頃のご近所さんのところで昔を思い出すといったシーンをカメラが映し撮っていた。僕はオレンジのシャツと、シャツにお揃いの短パンを履いていた。オプラ・ウィンフリー・ショーで放映する僕の生い立ちを紹介するビデオだった。

その時の衣装は見ちゃいられないくらいみすぼらしいもので、暑くて湿ったフィリピンの気候をよく知っている人が見てもあれはいくらなんでも……と思うような代物だった。

けれどもアメリカの視聴者にとってはそんな格好の方がいかにも南国の貧しい国からやってきた少女というイメージが湧きやすかったのだろう。

最後のテイクで僕は露天商が道端で売っている星模様の髪留めをつけた。

カメラの合図で僕は何年振りかで見る我が家に感極まって泣き出す様子を演じた。

画面には僕たちの質素な家が映し出されていた。壁はパステル調のピンクに塗られ、家具や備品がただでさえ狭苦しい部屋に持ち込まれて撮影用の部屋を作り出していた。

青緑色のソファはいかにもリビングという感じだったけれど、壁の向こうに押しやられた木のテーブルはどうみたってダイニングにあるそれだった。

僕はカメラの前で、パパがいかにドラッグにはまって疑心暗鬼になり、ついには僕たちが逃げ出さないように家に監禁

したかというストーリーを語った。
僕はパパが血走った目をして帰ってくるなりわめきだしたこ
と、ママの首を締めたこと、そしてショットガンを取り出し
銃口をママに向けたことなどを話した。

僕の言ったことは作り話じゃない。本当にあったことだ。
しかしそれが全てじゃなかったんだ。

パパは僕たちを養っていくために職を転々としたけれど、本
当はジープニーかトライシクルのドライバーになりたかった
んだ。
パパの質素な生活ぶりはまだ幼かった僕にも影響を与えた。
僕は大きくなってゴミ拾いで生計を立てている姿を空想をす
るようになった。弟のコイコイと僕は椅子をひっくり返して
トラックに見立て、それに乗りながら家の周りを走って遊ん
だ。途中で落ちているゴミを拾って回るんだ。
ある時、ジープニーのドライバーになっていたパパは僕にお
客さんから運賃を集める車掌のお手伝いをさせてくれた。ま
だ手が小さかったからよくお金を落としたけれど、とにかく
パパと一緒にいられたからよかった。
ジープニーで稼いだお金があるときはパパは僕におもちゃを
買ってくれたこともあった。

＊

パパと僕はたった4歳までしか一緒に暮らさなかった。本当
に短い期間だったけれど、パパと一緒の日々は、僕が子供ら

しく過ごせた数少ない思い出なんだ。

パパは時々僕を近所まで遊びに連れ出してくれた。ママは絶対にそんなことしてくれなかったけれど。パパが僕を外に連れ出すことをママが許さなかった時など、パパは結局ママに折れたけれど、せめてもと僕を家の前で遊ばせてくれたんだ。

僕が

「大きくなったら兵隊さんになるんだ」

って言いだした時もパパは応援してくれた。パパはマーケットで小さな緑色の服を着た兵隊の人形を買ってきてくれたこともあった。

ママは

「それは男の子のおもちゃでしょ」

とおかんむりだったけれど。

子供心に、パパは心から僕のことを好きでいてくれてると感じることができた。

だからパパがドラッグにハマったことも、時々自分をコントロールできなくなることも知っていたけれど、他人にパパのことを訊かれた時に僕が話すのはパパとの楽しかった思い出ばかりなんだ。

テレビや雑誌で僕の生い立ちを見聞きした人にとっては理解できないかもしれないけれど、パパのことはいつも楽しい思い出ばかり浮かんでくるんだ。

ママだって、パパと一緒に住んでいた頃は僕に手を挙げたりはしなかった。

もしそんなことをやらかしたらパパが許さなかったろう。一
家の誰もパパに背くことはできなかった。
そうはいってもパパはママのことを嫌いだったわけじゃない。
ドラッグにのめり込む前はパパはママのことをとても大切に
する優しい旦那さんだった。パパはいつも背中からママのこ
とを抱きしめていた。
ママはすぐに振りほどいていたけれど。

パパはとてもいい人だったけれど、ちょっとヤキモチ焼きな
ところがあった。
ママが出かける時、心もとなそうな顔をする時があった。マ
マは人好きのするタイプだったので、時々あらぬ噂を立てら
れることがあったからだ。
ママはお節介を焼かれるのが嫌いな方だったから、パパの愛
情表現を内心うざったく思っていたんだ。

ある時パパはママの言葉にひどく傷ついた。
「あんたを好きだったことなんて一度もないわ」
「一緒になったのはあんたの稼ぎが目当てだったからよ」
パパが堕ちていったのはこの時からだった。
怒りと妄想と疑心暗鬼からドラッグにハマっていった。

パパは日に日に堕落していき、ママが自分に対して冷たく当
たることが癪に触りはじめた。
二人は何も話さなくなった。口をきくといえば喧嘩ばかり
だった。ある日からパパは突然、ママを束縛するようになっ

た。それまでのパパならありえないことだ。いつも血走った
目つきで帰ってきては僕たちに話しかけることもなかった。
パパは僕たちを部屋に閉じ込めて南京錠をかけるようになっ
た。僕たちが出て行ってしまうと思ったんだろう。
パパは完全にドラッグにヤラレちまった！
もう優しかった頃のパパじゃなかった。

パパのところから逃げ出した夜、僕は階段の金属製の手すり
に顔を押し付けてパパとママを見ていた。
なんだか嫌な気持ちになってきたから、見ちゃいられないと
顔をそむけようとしたんだけれど僕の頭が大きかったので手
すりの桟の間に挟まってしまった。
だから一部始終を見る羽目になったんだ。

パパはショットガンを構えていた。銃口はママの方に向けら
れていた。
近所の人がやってきてパパを押さえつけた。みんなが来てく
れなかったらパパはきっとママに向かって撃っていたに違い
ない。一番怖かったのはパパの憔悴し切った目を見た時だっ
た。
自治会の人がやってきてパパに体当たりして家の外に叩き出
した。

「逃げろ！」
近所のみんなが叫んだ。
体を懸命にゆするとやっと大きな頭が階段の鉄柵から外れた。

僕は足手まといになりたくなくて必死だった。
その時は家におばさんもいたけれど、パパがおばさんを部屋
に閉じ込めて鍵をかけていたからこの騒動には巻き込まれて
いなかった。近所の人が屋根に登って窓をこじ開け、おばさ
んを助け出した。

僕たちは家を出るとトライシクルに飛び乗った。

「お願い、急いで！　私たち追われてるのよ！」
ママが叫んだ。
振り返ると怒り狂ったパパがジープニーで追いかけてくるの
が見えた。
なんとかパパを振り切ることができた。その日はおばあちゃ
んの家に避難させてもらった。

何週間か経ったある日のこと、ママが出かけている時にパパ
がやってきた。
あの日血走った目で僕たちを追いかけ回した時のパパじゃな
かった。落ち着いている様子で、あの時パパを駆り立てた怒
りは消えていた。
パパはおばあちゃんに、しばらくの間僕のことを連れて帰っ
てもいいかと優しく尋ねていた。
おばあちゃんは承知しなかったけれど、僕は一緒に行くと
言ってきかなかった。

パパは僕の手を引いて父方のおじさんのところへ連れていっ

た。
「会いたかった」
パパが言った。
トラブルばかりの家族だったけれど、おじさんの家で過ごした日々だけは本当にホッとすることができた。
たった2週間で終わってしまったけれど、今でもこの2週間は僕にとってかけがえのない日々だった。僕が望んでいた暮らしをまた味わうことができたんだ。僕は外で他の友達と遊んでも何も言われなかった。パパは僕にファミコンを買ってくれた。ゲームをする時はいつもパパと一緒だった。
僕はパパと一緒にいるだけで幸せだった。パパもそうだった。僕はパパと一緒にいられてどんなに嬉しかったことか。

2週間経ったある日、僕が外で遊んでいるとママがやってきた。

ママは僕を返してくれれば一緒に住んでもいいとパパにもちかけた。
パパはどうしたかって？
パパはママのことを愛してるんだよ、僕たちみんなのことを。
だからパパはママの約束をやすやすと鵜呑みにした。

けれどもやっぱりママはパパを裏切った。
ママが僕を迎えに来た日、警官も一緒にやってきた。警官は銃を持っていてパパを連れて行こうとしたんだ。
僕はずっと泣いていた。

「どうしたんだい!?」

ママが僕に詰め寄った。

「パパのところにいる方がいいってのかい？　え、そうなのかい？」

『そうだよ、パパのところに戻りたいんだよ！』

本当はそう言いたかったけれど、

僕は何も言わずにただ首を横に振った。

もし本当のことを言ったらまたママにピシャリとやられるに決まってるから。

僕はパパとは4歳の時に離れ離れになったわけだけれど、それは同時にこの先経験する数々の虐待から僕を守ってくれる身内を一人失ったということだった。

ママのいじめのことだけじゃない、パパは僕に降りかかってくる様々な困難から守ってくれる愛情も意志も強さも兼ね備えていた。

パパなしでどうやってやっていけばいいのか。

外では世間の大人にいいように弄ばれたし、家には魔物が住んでいたんだ。

＊

僕がおじさんから性的虐待を受け始めたのは6歳の時だった。

リビングで遊んでいると、絵を描いていたおじさんは画用紙から目を上げて

「お前のことを描いてやるよ」

といって僕を引き寄せた。

まだ6歳ながらに、何かいけないことが起こるんじゃないかという雰囲気を感じたけれど、おじさんの言う通りにする他なかった。
おじさんが僕を描き始めると、途端に逃げ出したくなってきた。

おじさんは自分の部屋に入ろうと言いだした。
「部屋で一緒に休もう」
おじさんはそう言った。
もし断っても、僕はまだ小さかったからどうしようもなかったろう。結局おじさんは僕を部屋に連れ込んだ。
もちろん本当に眠ってなんかいない。
おじさんは僕の後ろにきて、僕を愛撫した。身体中を。
おじさんは、僕の父親代わりともいえる人だったけれど、そのおじさんが僕にペニスを触るように求めてきたんだ。
僕はじっと動かずに、何も答えずにいた。固く縮こまったまま横になって誰かが来てくれるのを祈っていた。
おじさんは諦めたのか、僕を放してくれた。
よかった……
僕は安堵のため息をついた。これでもう二度と僕を弄んだりしないだろう。

けれどもそれは間違いだった。

僕たちがおばあちゃんの家でおじさんと一緒に暮らしている間、性的嫌がらせはその後何度も何度も何度も何度も繰り返

された。

日中はママが働きに出ていて家にいないということはおじさんに僕を好きな時にいつでもレイプする格好の機会を与えることになった。誰も僕と弟のコイコイのことを見守る人はいなかったから。コイコイはいつも家では僕と一緒にいたけれど、僕がおじさんにされている忌わしい事は何とか見つからずに済んだ。

夜コイコイとテレビを見ていると、突然おじさんが僕をつかまえて膝の上に乗せたんだ。
「動くんじゃないぞ」
と釘をさすと
「いいことを教えてやる」
と言いながら激しく唇を這わせ始めた。

信じられないかもしれないけれど、家にいるのは僕とおじさんだけじゃなかった。
おじさんに体を弄ばれている最中もキッチンで料理を作っている音や話し声が聞こえた。
おじさんに触られながら僕はずっと祈っていた。
「誰か入ってきて」
おじさんはペニスを硬くして僕を犯そうとしたけれど僕はまだ子供で体が小さかったからおじさんはいつも諦めなくちゃならなかった。
そしていつもこう言うんだ。
「誰かに言ってみろ、殺してやるからな」

これはただの脅しとは思えなかった。
一家には暴力の血が流れているんだから。

ある時おじさんはついに無理やり僕に挿入しようとした。
けれどもやっぱり僕の体は小さすぎて無理だった。もしそれでもかまわず6歳の女の子の小さな体に挿入していたら、僕は死んでしまっただろう。おじさんはそんなことすらわかっていないようだった。

今だからこんなことを話せるけれど、あの頃はただ遠くをぼんやり見つめているばかりだった。
怒りや恐怖でいろんな言葉が浮かんできた。もう少し勇気があったら全部吐き出してしまったところだけれど、それはできなかった。
学校に行って、教室で先生が低学年用の足し算や引き算を教えている間、僕は自分の椅子に腰掛けて悲惨な毎日のことを考えていた。

＊

あれから15年経って、僕は初めてママに性的虐待のことを話した。
その時僕はママと弟のコイコイと一緒に車に乗っていた。ママはいつものように僕たちに悪態を浴びせていた。もうどんな事を言われたのかすら思い出せないけれど。
そしてママは突然、タガイタイの家にあの僕を弄んだおじさんを住まわせると言い出したんだ。僕は怒りを抑えきれなく

なって顔を真っ赤にした。

ママは

「おじさんはあたしたちが貧しかった頃色々と助けてくれたのに一体なんでそんな不満そうな顔をするんだい？」

と、おじさんを住まわせると言って聞かなかった。

だから僕はとうとう本当のことを話したんだ。

「おじさんが僕に何をしたか知らないの？」

ママは僕の話を信じようとせず、おじさんを呼び出してことの真偽を尋ねた。

もちろんおじさんは認めなかった。

するとママは逆に僕に怒りをぶつけてきた。

「お前はお世話になった年配の人のことでしょっちゅう勝手な作り話をするんだね？」

2017年にトランスジェンダーだってことを公表した時、男どもが自分たちのエゴ丸出しで群がってきた。

彼らは僕のSNSアカウントのコメント欄で

『シャリースが男だなんてありえない。女を孕ませることもできないじゃないか』

と書きたてた。

みんな僕がみんなの仲間に入れて欲しいと思ってるんじゃないかと思って警戒していたんだ。

それ以外にも色々と考えていたようだけれど、そんなのこっちから願い下げさ。

「あいつが男になりたがってるのは『男とやったことがない』からに決まってるさ」

みんなはそう言って聞かなかった。
みんなのコメントを読んだ時、僕が経験してきたことを思い出して、何にもわかっちゃいない彼らの未熟さ加減に思わず笑えてきたよ。

*

離れ離れになってからようやく再会した時のパパは既に棺桶に横たわっていた。これからも暴力や世間の冷たさから僕のことを守ってくれる唯一の人になるはずだったのに。
パパが殺された時、18歳だった僕はワールドツアーでジャカルタにいた。
パパは40代でラグナ州サンペドロの建築現場で働いていた。パパは仕事仲間と一服休憩していたところだった。近くのサリサリストアでタバコを買おうとしていたところを襲われた。酔っ払った男にアイスピックで何度も刺されたんだ。
家族の誰も僕に事件のことを知らせようとはしなかった。僕はパパが死んだことをインターネットのニュースで知った。
ネット上では情報が錯綜していた。
『酒を飲んだ上での仲間内の喧嘩が原因』というもの。
『怨恨説』を唱えるもの。
加害者は正当防衛を主張していた。

その夜、僕はなぜか落ち着かない気分だった。
「今日はもう寝るよ」
ガールフレンドにそう告げて僕はベッドにもぐり込んだ。
午前3時だった。

彼女が僕を起こしてインターネットのニュースを見せてくれた。

その時僕はフィリピンのホラー映画によく出てくるシャワーシーンの俳優のようにその場に泣きながらへたり込んだんだ*。

　　*フィリピンではメジャー映画、B級映画に関わらずホラー映画が人気で、恐怖や悲しみのあまり俳優が屋内で崩れ落ちるシーンは定番となっている。

ママはニュースを知るなり僕に電話してきた。

僕はてっきりママが僕のことを心配して電話してきたと思ったけれど、そうじゃなかった。

電話の向こうでママは何で僕がすぐ知らせてこなかったのかと憤っていた。

ママはその時フィリピンにいたんだから当然知っているものとばかり思っていたのに。

僕はホテルで憔悴しきっていたけれど、パパが死んじゃったばかりだっていうのに平然としているママの言い草に僕は電話を置いた。

「なんなんだよ、こん畜生！」

僕は夜空に向かって叫んだ。

　僕は予定を全部キャンセルしてすぐにフィリピンに戻った。以前の僕やママのメディアへのコメントで、僕はショットガンの事件以来二度とパパに会いたいとは思っていないということになっていたけれど、もちろんそんなことは嘘に決まっ

ていた。

メディアは僕が以前のコメントとは正反対の行動を取っていることに相当混乱しているようだったけれどそんなことは僕にとってどうでもいいことだった。

とにかく僕はパパに早く会いたかった。

＊

棺に横たわっているパパは僕がよく知っているパパとは似ても似つかないくらい変わり果てていた。

僕にそっくりでちょっとぽっちゃりした感じだったのに棺の中のパパはガリガリに痩せていた。ママはお通夜には来たけれどずっと家族用にあてがわれた部屋に閉じこもっていた。おまけにママは厚かましくもその時付き合っていたボーイフレンドまで連れて来ていたんだ。

僕はといえば、ずっと外に置かれたパパの棺のそばで過ごした。長い間離れ離れになったきりで、やっと再会できたと思ったらそれは永遠の別れの場だった。

僕はただパパのことを見つめていたかったんだ。

ママは僕がずっとパパにかしずいていたのは、あれはただの演技だって言い張った。

ママは僕が車に乗り込んでもまだ泣いているのにイライラしていた。

僕がいつまでも「演技」を止めないのに腹を立てたママは悪態をついた。

「いつまで泣いてるつもり？　もうカメラは回ってないんだ

よ」

葬儀は終わっていたけれど、まだ悲しみと後悔で打ちひしがれていた僕はママに言い返す元気もなかった。

けれども頭の中は怒りで沸騰していた。

『このアバズレ！』

マスコミがやって来た。

ママがインタビューに答える間、僕は黙ってそばに立っていた。

「本当はずっとあの人のことを愛してたんだよ」

「子供たちの父親としてかけがえのない存在だったからね」

パパから親である権利も責任も死ぬまで奪い取っていたくせに。

僕はうなだれていた。

ママのインタビューを聞くのは堪えられなかった。

僕がパパに会おうとしなかったと言われているけれど、本当は違うんだ。

僕は何度もパパを探そうとした。けれどもパパの友達が僕に今はパパに会わないほうがいいって諭していたんだ。一度ドラッグにハマってしまったら元に戻るまで時間がかかる。だからそれまで待つようにとアドバイスをしてくれた。しかしそのタイミングがやってくることはなかった。

パパが死んでから、パパの友達や家族がやってきて僕にパパのことを色々と話してくれた。

それはママから聞かされていたのとは正反対のことばかり
だった。
みんなが教えてくれたパパの話に僕は嬉しくなった。
色んなことがあったけれど、パパはいつも僕たちのために必
死で生きてきたんだ。
パパはドラッグ中毒から立ち直るために自ら進んでリハビリ
テーションを受けた。パパはママともう一度やり直したかっ
たんだ。
殺されてしまうまで、パパは他に女を作ることはなかった。
僕がどんなことをされてもママのことを愛していられるのは
パパの遺伝なんだと思う。

パパはまだドラッグ中毒から抜けていないころも、ずっと僕
のことを想い続けてくれていた。
パパの友達の話によれば、パパは時々突然夜中に叫び出して
みんなをびっくりさせたそうだ。
何があったんだとパパのところに来てみると、パパはテレビ
で僕が歌っているところを見ていたらしい。ほんのちょっと
僕の写真が映った時もそうだった。
「俺の娘だ！　俺の娘が出てるぞ！」
パパは大声で叫んでいたそうだ。
パパは教会の勉強会にも顔を出していた。神様のご加護を受
けたかったんだろう。
勉強会の進行役が出席者に
「人生で一番大切な人は誰？」
と尋ねるとパパは財布から僕の写真を取り出してみんなに見

せていたそうだ。

僕が注目されてからマスコミも大勢インタビューにきていた
ようだけれど、パパの友達や近所の人の言うには、パパは取
材を断っていたそうだ。
パパは自分のことが世間に知られると、僕がフィリピン国内
だけじゃなくアメリカで築いた名声も台無しにしてしまうん
じゃないかと心配していたそうだ。パパは僕の邪魔をしない
ように陰に隠れていたんだ。ママがマスコミの求めるままに
公に顔を出し、悦に入っていたのとは正反対だった。

僕は霊感とかは信じないほうだけれど、パパが死んだ夜、パ
パがお別れを言いに来てくれたような気がしている。

ジャカルタでは僕に四六時中ボディーガードがついていた。
その夜部屋に入ろうとしていた僕はそばにいたボディーガー
ドの顔がなぜか印象に残った。
彼は僕に微笑みかけた。
僕はガールフレンドに
「見てよ、あのボディーガード、僕のパパに似てる」
と言った。
夜の９時から 10 時の間だった。
それはちょうどフィリピンでパパが刺し殺された時間なんだ。

もし僕たちが再会出来ていたなら、パパが殺されたりしな
かったら、僕はパパに言っただろう。

「パパごめんね、僕がパパの靴の中に入れたら、パパに降り
かかる厄介なことを全部見つけてあげられるのに。僕はパパ
が不幸なことが我慢できないんだ」

パパはメディアで言われているような人とは全く違うんだ。
それだけは言っておかなければならない。

性別適合手術を受けて、僕は前よりずっとパパそっくりに
なってきた。今の僕をパパに見てほしかった。パパにアクセ
サリーやスニーカーを買ってあげたかった。パパはオシャレ
さんだったし、バスケットボールが大好きだったんだ。

パパにバスケットボールを教えてもらいたかった。娘シャ
リースとしてではなく息子ジェイクとして。

CHAPTER 6

Music and Me
音楽と僕

Music is an inextricable part of me.
Music never broke me.
People did.

音楽がなきゃ僕は生きていけない。
今までイヤなことがたくさんあったけれど、音楽だけは僕を
裏切ることはなかったから。

僕がどんなきっかけでロックバンド　ニルヴァーナを知った
のか忘れてしまったけれど、それはたしか 2015 年頃だっ
たと思う。

特にボーカルの故カート・コバーンにハマった。

今でもニルヴァーナの CD はリビングの箱の中に大切にし
まってあるんだ。メンバーが微笑んでいる古いポスターも部
屋の壁にかけてあるし、コンサートではいつも最低一曲は
彼らのヒット曲を歌っている (僕のいちばんのお気に入りは、
Heart-Shaped Box、Come As You Are、それから Territorial
Pissing さ)。

カートのメロディだけじゃなく、彼が闇に埋もれた真実や痛
みを表現するところにも僕は惹き込まれた。僕は彼の中に自
分自身の姿を見た気持ちだった。

カートのインタビューを色々と見て、僕と同じような苦い体
験をしたミュージシャンが時代を超えて他にもいるんだと思
うと、彼の音楽を聴いていてとても安らいだ気分になれるん
だ。

僕もカートと同じように死んでしまったかもしれないと思う
と余計に人ごととは思えない親近感が湧いてくる。

カートは 1994 年に自分の頭を撃ち抜いて死んでしまった。

僕と同じように、カートは鬱でふさぎ込んでいた。

彼はハンサムでロックスターとしての地位を確立させていた
けれど、いつも不安に苛まれていた。

カートはミュージシャンとしての類いまれなる才能に自分で
気が付いていなかった、『時代の寵児』としてシーンに飛び

出してきたにもかかわらず。というのも、彼は自分を過小評価するところがあったんだ。

カートは彼の熱狂的なファンに対してすら、本当の彼のことをわかりもせずに彼のことを都合よく偶像化しているものと思い込んでいた。カートはファンの期待と公私にわたってスターとしての役割を果たさなければならないことに苦しんでいた。もうカートと彼のバンド、ニルヴァーナはある意味セレブとなっていたから。

カートは死の直前のインタビューでこんな風に言っている。

「代理人弁護士を雇って高額な顧問料を払わなくちゃならないなんて馬鹿げてるよ。みんなと同じように音楽を作ろうとしてるだけなのに」

ニルヴァーナの全盛期、カートはガンズアンドローゼス*と比較されることにあからさまに不快感を示していた。

　*ガンズアンドローゼス：1985 年にデビューしたアメリカのロックバンド。

「俺たちはガンズアンドローゼスみたいなバンドじゃないんだ、わかってるだろ？」

カートは音楽雑誌『セカンズ』*を引用しながらそう言っていた。

　*セカンズ誌 (Seconds)：1986 年から 2000 年まで刊行されていた音楽雑誌でニューヨークのアンダーグラウンドミュージックなどを取り挙げていた。

ガンズアンドローゼスのメンバーはセックスや過激な振る舞いの話題を提供してロックンローラーの私生活を必要以上に華やかに飾り立てていた。ステージではピチピチの皮のパンツにバンダナ、わざと乱したヘアスタイル、みんなの目の前でコスチュームを脱ぎ出すこともヘッチャラだった。

カートは衣装とか、花火とかの派手な演出には無関心だった。着ているものといえばいつもチェックのシャツにジーンズ、カートは音楽だけに集中していたんだ。

いや、自分自身の苦しみといつも向き合っていたってことかもしれない。

カートは心の裏側を歌にするのが好きだった。それこそがカートの音楽にとって大切なことだった。

もし君がすでに十分有名人であって、それでも尚且つだれかが君の能力や音楽的指向を超えたもっと大きなステージに無理やり立たせようと画策したら、君はこう思わずにはいられないだろう。

「僕はそんなことまでしなけりゃならないのか?」

「名声を勝ちとるために、儲けるために、自分じゃない誰か他の人格になってしまっていいのか?」

僕の性格と僕が経験してきたことから言うと、きっと僕も同じことを自分に問いかけていただろう。

カートの悲劇は全然違う時代に起こったことだけれど、僕には他人事とは思えないんだ。

僕は性別適合手術を受ける前、カートにインスパイアされて一枚のインディーズロックアルバムをリリースした。

それが『カタルシス (Catharsis) ＊』だった。

＊カタルシス (Catharsis) : 2016 年に Star music からリリースされた
アルバムでシャリース名義でレコーディングされた最後の作品。
彼はインタビューなどでこの作品を「インディーズロックアルバ
ム (Indie-Rock Album (原文ママ)」としているが、これはインディ
ペンデントレーベルからリリースされたという意味ではなくメイ
ンストリームにはない独自のサウンドのロックアルバムを作った
ということ。ジェイク・ザイラスとして活動する決意が垣間見ら
れる傑作アルバム。

僕はこのアルバムの制作のすべてに関わった。
作曲からバックアップボーカル、サウンドメイキングも自分
でやったしギターやキーボードも弾いた。
みんなは僕のことを一人のシンガーだと思っているけれど、
その時僕は自分のもう一つの面を出そうと思ったんだ。
作曲家としての僕を。
一曲を除いて全て僕が作詞作曲した。
僕の目標は自分自身の本当の姿を聴きやすい素直なメロディ
で表現することだった。

『Keep You Forever』は僕がどんなふうに変わろうともずっ
とファンでいてくれた人たちに捧げた曲。
この曲は 5 分で出来上がったよ。
家でギターをいじっていたらいい感じのコード進行が浮かん
できたんだ。メロディが浮かぶと歌詞も自然に出てきた。
『Killing Myself to Sleep』はある時期の僕の精神状態を表
している曲なんだ。

この曲をラブソングだと思っている人が多いけれど、本当は富や名声、権力の虜になって身を持ち崩していく人のことを歌っているんだ。

『I am Always Watching You』、これは僕をバッシングする人たちの言い草にインスパイアされたもので、僕にとっては備忘録のようなものさ。

この曲は、心ないバッシングを受けてついつい落ち込んでしまうけれど奴らに一番効き目があるのはいくら口汚く罵られても平気な顔をしていることなんだってことを僕に思い出させてくれる。

＊

「シャリースとして歌手を続けることがいちばんの苦痛の源だったのによく音楽を嫌いにならなかったね？」
ってよく訊かれた。

それについての答えは簡単、

僕は僕自身に素直なだけなんだよ。

5歳の時テーブルの上に上がって『My Heart Will Go On (セリーヌ・ディオンの1997年のヒット曲)』を歌った時も誰かにそうしろって言われたからじゃなかった。

僕はいつも歌を歌っていたかったし、何か他にやることができたりしなけりゃ死ぬまで歌っているさ。

練習でママにぶたれながらむりやり歌わされたいくつかの曲、デッサ＊がカバーした『Bring Back the Times』＊＊やレジーン・ヴェラスケスがカバーした『You'll Never Walk Alone』＊＊＊は今でも大の苦手だけれど、その他の曲につい

て言えば、音楽は僕を癒してくれるいい薬のようなものなん
だ。どんなに孤独でも、歌さえ歌っていれば僕はさみしくな
んかないんだ。

　　＊デッサ (Dessa)：フィリピンの女性シンガーでメジャーでの実績も
　　　あるが現在はローカルシーンでステージシンガーとして活躍して
　　　いる。
　　＊＊ Bring Back the Times ：1960 年代から 70 年代に活躍したアメ
　　　リカ人シンガー BJ Thomas のヒット曲。
　　＊＊＊ You'll Never Walk Alone：Gerry and the Pacemakers がオリジ
　　　ナル

世の中はどんどん暗く危険な方向に進んでいるけれど、ルイ・
アームストロングの『What a Wonderful World』を聴くた
びにいつも希望に溢れた世界を想像できるし、フランク・シ
ナトラの『Fly Me to the Moon』、これは僕を元気にして
くれる。僕のガールフレンドの顔が浮かんで来るんだ。ショー
ン・メンデスの『In My Blood』、これは僕が窮地に陥った
時のことを実にうまく表現してる。彼は鬱がどういうものな
のかよくわかっているんだ。ローレン・オルレッドの『Never
Enough』は映画『グレイテスト・ショーマン』の中の曲だ
けれど、僕のお気に入りの曲の一つでステージではいつも
歌っているんだ。この曲を歌った時のみんなのリアクション
はいつだって最高なんだよ。
僕にとって音楽はみんなと感動を分かち合えるものなんだ。
そのために歌っているのさ。
ルーサー・ヴァンドロスの『Dance with My Father』は
ちょっと苦手な曲だな。この曲は僕の苦い思い出と後悔が沸

き起こってくる。

けれどもありがたいことに、その正反対の曲もある。それが
ジョシュ・グローバンの『To Where You Are』さ。まだ新
しい曲だけれど僕にとってこの曲はパパに捧げる一曲になっ
た。

というのもヨーロッパツアーの時、この曲を歌うと不思議な
くらいいいことが起こったんだ。

ヨーロッパツアーで回ったところはどこも大雨だった。とこ
ろがこの曲を歌うたびに雲が切れてスポットライトみたいに
日差しが僕を照らすんだ。

そして僕の周りを一陣の風が吹いていくような感覚になった
んだけれど、それはきっとパパが天から祝福している知らせ
に違いないと思うんだ。

音楽がなきゃ僕は生きていけない。

今までイヤなことがたくさんあったけれど、音楽だけは僕を
裏切ることはなかったから。

＊

カート・コバーンの活躍は彼の死によって終わりを告げ、彼
は伝説となった。

カートの突然の死によってグランジはファッションとなり世
界中がカートについて語り始めた。

カートの死とその後の彼の音楽の扱われ方が頭をよぎるた
び、僕は恐怖にかられた。僕は鬱になった時、一人でいると
自分自身が何をしてかすかわからなかったから。なによりも

僕は死を恐れてはいなかったから。

死というものは僕にとって恐れるようなものじゃなかった。

死は僕にとって単なる逃避に過ぎなかったから。今どんなに自分のことを愛していようと、また逆に憎んでいようと、死んじゃえば簡単にそれを終わらせることができる。

いきなり莫大な富と名声を獲得した時、地の果てのようなところからいきなりメインストリームの頂点に立った時、信じられないかもしれないけれど僕は何もかもぶち壊してしまいたくなった。

アメリカの所属事務所がママを僕の一切の仕事から遠ざけた時、僕は自由になるチャンスが来たと思った。実際、僕は初めて自分自身の人生を歩んでいたんだ。僕は一人暮らしをしていて、新しい人間関係も作った。僕自身の性的指向を受け入れてくれる世界で新しいキャリアを積み始めたところだった。

けれども蓋を開けてみると、１万３千キロも離れているというのに、それでもまだママの手から逃れることはできなかった。

僕はママがしょっちゅう送ってくるメールに振り回された。

ママは尋常じゃない内容のメールを送ってきた。

普段はすぐにママの嘘に気づいたし、ちょっと機嫌が悪くなってるだけだと分かるんだけれど、時々ママにしてやられることもあった。やっぱりママからは逃れられない。

ママは僕が 7 歳だった頃と同じやり方で僕を束縛していたんだ。あの頃は僕が幸せかどうかはママが幸せかどうかにかかっていた。ママがご機嫌な時は僕も嬉しかったし、ママを落胆させた時は暴力の恐怖と共に罪の意識にも苛まれた。

大人になっても僕はあの頃のままだった。

コンテストで負けた時、食べ物すら買えないのを僕のせいだと咎めるママを怖がりながらもすがっていたあの頃の僕。

ママと一緒だった子供時代のおかげで僕はピエロのような性格になった。

いつもみんなを楽しませようと躍起になっていた。求められればどんな嫌なことだってやった。うまくいかない時は本当に落ち込んだ。

大人になってもその気質が拭えなくて、ファンや、音楽業界の人たちに対してもいつもそんな風だった。ママが目の前にいるようなものだった。

だからママが遠くフィリピンに居ようとも、メールで送ってくる言葉はまるで目の前で言われたかのように僕の心を切り裂くんだ。

ママは僕の気分の浮き沈みをコントロールする術をよく心得ていた。

ママを満足させられない時、

「やっぱり僕は悪い子なんだろうか？」

という考えが頭に浮かんで深く深く落ち込んだ。そして心に大きな穴が空いたような気持ちになってママの愛情と優し

い言葉を求めてしまうんだ。
その気持ちがある限り僕はママの言いなりだった。

二度目に自殺しようとした時は、本当に死んでやろうと固く心に誓っていた。
まだ最初の自殺未遂から数週間しか経っていない頃のことだ。
ありったけの睡眠薬を口に放り込んだ。こんな苦しみとは永遠におさらばしたかったんだ。

その日はスタジオでレコーディングをしていたんだけれど、もうすっかり茫然自失としていて、メロディや歌詞は頭に入っていたけれど全然歌に身が入らなかった。僕は身も心もズタズタだった。
事務所は僕が仕事ができる状態じゃないってわかったから早めに帰してくれた。
結局レコーディングは進まなかった。
アパートで一人になると僕の心はまた宙を彷徨い始めた。
僕は睡眠薬を飲み込むとガールフレンドに電話した。
「ずっと愛してたよ、今までのこと、ほんとうにありがとう」
電話をもらった彼女はすぐに僕の異変に気付いてアパートに駆け込んできた。
気がつくと僕はまだ生きていたってわけさ。

「なんで死ねないんだよ」
僕のことを興奮させまいと静かにかしずいているみんなを横目にブツブツと呟いた。

「どうやったら死ねるっていうんだい？」

僕はただ解放されたかっただけなんだ、この狭っ苦しい籠の中から飛び出したかっただけなんだ。もちろん籠の中にいれば僕は生きて行くことが出来るさ。けれどもそこじゃ本当の僕になるのは許されないんだ。

病院じゃ胃を洗浄するとか言って不味い黒く濁った液体を飲まされた。精神科の医者にも連れて行かれた。しかし治療にはならなかった。僕はその医者のことを信用できなかったから何にも話さなかったんだ。所属事務所の勧めもあって僕はアメリカにいる間中何度も精神科に通った。

けれどもいつも診断結果は通り一遍で的を得たものじゃなかった。

彼らは決まってこう言うんだ。

「ママと腹を割って話した方がいい」

ってね。

ママはいつも僕に取り憑いていていつでも僕をズタズタに落ち込ませるし、思った時に僕を呼びつけることだってできる、それに欲しいものがあれば僕にちょっとおべっかをいいながら涙を浮かべさえすればなんだって手に入れちゃうってことを医者は知る由もなかった。

僕は医者の優等生的な診察にはうんざりだった。

唯一心が安らぐのは病室に入れることが認められたオスのゴールデン・リトリーバーと一緒にいる時だけだった。犬はベッドに飛び上がってきて僕のそばに寄り添って寝るんだ。僕は両手でしっかり彼を抱きしめて暖かい毛並みに顔を埋め

るんだ。

犬はいつも最高のドクターさ。

何にも言わないし何にも指図しないけど、一緒にいると不思議と心の苦しみが和らぐんだ。

退院しても前と何にも変わらなかった。相変わらず気分はすぐれなかったし鬱で何にもする気になれなかった。食事をするのも億劫だった。いろんな考えも次々と頭に浮かんできて混乱していた。けれども他人がそばにいる時は努めて明るく振る舞ったんだ。みんなに僕はもう大丈夫だって思わせたかったからね。僕はすっかり治ったフリをしていただけなんだ。

自分が自殺しようとしたときのことを思い浮かべると、僕はタイムマシーンがあったらなあと思うんだ。それに乗ってカートのところへ行き、ショットガンで自殺するのをやめさせるんだ。だって彼の自殺のことを思い浮かべる度、僕は生きていて良かったと思うから。僕が彼を思いとどまらせて生きる希望を与えてあげられていたらなあと思う。もちろんカートが闘っていた内なる闇がどんなものだったか、彼の苦悩がどんなに深いものだったか、わかったようなことを言うつもりはない。だけど、僕もうまくやって行くために世間に合わせて生きるのがどんなに辛いことなのかを知っているし、彼と同じように崩壊した家庭で育った。彼と同じように自分自身のアイデンティティに悩んだんだ。

僕はよくカートとお互いのことを全て打ち明けて、二人して

励まし合いながら生きていく未来を想像するんだ。その想像
の中で僕は彼に、いや時には自分に向かってこう言うんだ。
「さあ行こう、一緒に演ろうぜ！」

CHAPTER 7

Love is Love is Love
愛がすべて

I now see that everything that happened to me was meant to be that way. Had my life been okay from the start, had God given me everything right away, had He made me a man-slash-singer-with-abs from the get-to, what an easy life that would have been!

今にして思えば、僕に起こったことは、つまりはこういうことだったんだ。
もし僕の人生が最初からスムーズに行っていたら、神様が最初から間違えることなく僕を男の子として世に送り出していたら、僕は何事もなかったように平凡な人生を送っていただろう。

僕が自分の性に違和感を感じ始めたのは5歳の時だった。
クラスメートはいつも僕をからかってクラスで一番ハンサム
な男の子とむりやりくっつけようとしていた。そのことが僕
にはとても奇妙に感じられた。なんでみんな躍起になって僕
とその男前をカップルにしたがるのかな？　その子はクラス
一のイケメンだったけれど、僕には全然ピンとこなかった。
僕にとってクラスの中で一番気になる存在は教室で僕の真ん
前の席に座っている一人の女の子だったから。

ある日、彼女は学校で熱を出して保健室に担ぎ込まれたんだ
けれど、僕はもう心配で気が気じゃなかった。
僕はその子のところへ行って
「僕が家まで送ってあげる」
と申し出たんだ。
彼女が
「いいわよ、お願い」
と言ってくれた途端、僕は嬉しくてニヤケてきた。まさに歯
の浮くようなシチュエーションだった。
それは僕にとっては危険な賭けでもあった。ママは僕が遅く
まで帰ってこないのを許さなかったから。多分ママにこっぴ
どくぶたれるだろう。
けれども僕には淡い恋心を抱いた女の子を守ることの方が先
決だった。

学校の緑の門扉を抜けてラグナ湖沿いの田んぼのあぜ道を一
緒に歩いていると、僕はドキドキしてきた。急に顔が火照っ

て全身の血が逆流したみたいだった。
「一体どうしちまったんだろう？」
その子の家は鉄道の線路沿いにあった。
さよならを言って彼女が家の中に入っていった時、僕はどうやってここまで来たのかわからなくなっていた。僕は必死になって足跡をたどり、元来た道を思い出そうとした。僕は幼心に浮かれているととんでもないことになるんだと思い知った。

僕は午後4時には家に帰っているように言われてたのに、家に着いてみるともう夜の7時だった。家の赤い門に近づくにつれ、僕の顔からは血の気が引いていった。家に入るなり、案の定、ママの詰問がはじまった。
僕は一年生の委員長だったから、それを言い訳にすることにした。
「僕、委員長だから特別に課外活動があったんだよ」
祈るような思いだったけれど、ママはまんまと僕のアリバイを信じてくれた。

僕が幼心にクラスの女の子に淡い恋心を抱いてたってことは紛れも無い事実だった。シスジェンダーの子達は自分たちは違う性の子を好きになって当然と思ってるけれど、僕だって同じ。僕にとっては女の子を好きになることはごく当たり前のことだったんだ。
だけど混乱することも多かった。
クラスメートにしょっちゅうからかわれるけれど、なんでみ

んな僕とクラス一の男前のあいつのことを躍起になって騒ぐ
んだ？僕があいつより男前だから嫉妬してるのか？　なんて
僕たちをカップルにしたがるんだ？　僕たち男同士なのに。
おちんちんが付いてないだけで、僕は立派な男なんだぜ？
思春期になるとまた僕のことを悩ますことが起こった。胸が
膨らんできたんだ。なんで？　僕は男なのに。

当時、特にフィリピンの田舎の方じゃ『トランスジェンダー』
なんて言葉は聞いたことがなかった。田舎はマニラとかの都
会に比べてずっと保守的だったからね。
10歳の時、初めて「トンボイ」と「バクラ」の意味を知っ
たんだ。だから、その頃は自分自身のことを「トンボイ」だっ
て思っていた。それしか自分のことをうまく言い表す言葉を
知らなかったから。
けれども本当は「僕は男なんだよ」って言えばよかっただけ
なんだ、それだけで十分だったんだ。
僕はとにかく男であろうとしていた。僕のことを正確に表現
する言葉はまだ知らなかったけれど、自分自身のことは本当
によくわかっていたんだ。

持って生まれた肉体的な性と心の性が一致しないのは一過性
のものであって予防することができるもの、つまり一種の病
気だって思っている人がまだ大勢いる。トランスジェンダー
になるのは子供の頃女の子に男の子のおもちゃを与えるから
だ、逆もまた然りだって思っている人が。
しかし僕の場合は全然違った。

子供の頃はおもちゃなんて無くて、いつも頭の中で空想遊び
をしているだけだったけれど、その空想に登場する僕はすで
に男の子だったんだ。頭の中で僕はいつもロボットとかで遊
んでいたし、兵隊さんになったりもした。まだそんなおもちゃ
を買ってもらうずっと前から。

友達と「なんとかごっこ」をして遊ぶ時、男役になった時は
とても嬉しかった。だって地でいけたからね。一番好きだっ
た役目はジェリックという名前のボディーガード役だった。
僕は命がけで女王さま役になった友達を守るんだ。僕は一
人の時よく自分の本当の名前がシャリースじゃなくってボ
ディーガード役の名前になっているところを想像した。落書
き帳によく「僕、ジェリック」と書いたものさ。

ある時、バービー人形を買ってもらったことがあった。
僕は他の女の子たちみたいに自分をバービーになぞらえたり
バービーみたいに綺麗でグラマーになった自分を想像してみ
ることはなかった。
その代わり、バービーは僕のガールフレンドになったんだ。
僕はガールフレンドのバービーにお花をプレゼントしたし、
服も綺麗なものを着せてあげたりした。僕はバービーの世話
をするうちに、女の子に対して献身的に尽くすことを覚えた
んだ。高校生になる前に僕は本物のガールフレンドと付き合
う疑似体験をしていたようなものだった。

高校一年生の時、クラスに一人の女の子がいた。その子はク
ラスの憧れの的だった。

すべすべの肌、知的な雰囲気、優しさ。とにかく彼女は学年
一輝いていたんだ。
僕は好きな人とこなれた接し方をするにはまだ幼すぎたか
ら、思っていることを面と向かって言い出せずにいた。その
代わり、手紙を書いて渡したり、携帯でメールを送ったりし
た。メールで僕は
「ぼくは君のファンなんだ」
と送った。
『君のファン』ってメールするということは、幼心に
『君に恋をしています』
と言っているようなものだった。
僕たちは奥手だったから、それ以来目も合わせられなくなっ
たんだ。

フィリピンの学校には制服があって僕も女の子用のを着てい
たけれど、彼女は僕のことをレズビアンだとは思っていな
かったようだ。
トランスジェンダーって言葉を知らなかった僕は
「体は女の子なんだけど、心の中には男の子が住んでるんだ」
と彼女に説明していた。
そのことを聞いても彼女は引いたりしなかった。変なリアク
ションもなかった。彼女は僕の言葉をそのまま受け入れてく
れた。彼女はいつも僕の言うことを信じてくれたんだ。
いつもからかわれて怯える毎日だったけれど、彼女といると
きだけは僕は男の子になれた。
彼女は僕のことを「彼氏」と呼んでくれたし、微笑みかける

と「ハンサムね」って言ってくれた。
隣のクラスの奴らがやってきて僕と男の子を無理やりくっつけて、その子に「このかわい子ちゃんはお前に首ったけなんだって！」と焚きつけたりすると、彼女は必ず僕の所に飛んできて
「かわい子ちゃんなんかじゃないわよ！　シャリースはハンサムなんだから！」
と庇ってくれた。

クラスでちゃんとカミングアウトしたわけじゃなかったけれど、僕と彼女のことを知ってからはみんな応援してくれた。
僕が登校してきて教室に入るところをみつけたみんなは冗談半分で
「お、男前が来たぞ！　王子様のお出ましだ！」
と出迎えてくれた。白の半袖ブラウスにブルーのスカート、おまけにロングヘアっていうどう見ても女の子のいでたちだったにも関わらず。
僕も含めてみんなバカばっかりやってる無邪気なクラスメートだったけれど、学校じゃ僕は愛されていたしみんなに護ってらってもいたんだ。
家じゃ全然違ったけれど。

ママはいつも僕の携帯電話を取り上げてチェックしていたんだ。
だから彼女とのやりとりはいつも慌てて消していた。
「じゃあねへんしんはいらないよあいしてる」

彼女はすぐに僕の置かれた状況を悟ってくれたから返信はよこさなかったけれど、その代わりなんと彼女は僕の家に直接やって来たんだ！

ママにメールを見られた方がまだマシだった。だってママは僕が友達と家で遊ぶのが大嫌いだったから。

僕たちが付き合っていることは秘密だったけれど、彼女は素の僕を好きでいてくれるたった一人の存在だったから心から信じてたんだ。

彼女に出会う前は

「こんな風に僕の本当の姿を好きになってくれる女の子なんているわけないよな」

って思っていた。

だって僕の外見はどう見たって女の子だったから。

服だって女物ばかりだし体もほっそりしてる、声だって男の子みたいな感じじゃなかったし。

けれど僕が初めて付き合った子は僕の不安を取り除いてくれたし、考え方を変えてくれもした。たとえこの恋が成就できなくても（実際、僕たちはそれぞれ別の学校に転校してしまって別れてしまったのだけれど）、必ずどこかに僕と愛し合える人がいるに違いないって思えるようになったんだ。

その後しばらく、僕は何人かのガールフレンドと付き合ったけれど、みんな僕をいわゆるレズビアンとして見ていた。

それはきつい体験だったけれど、僕は恋が終わるたびに自分にとって本当に必要なのはどんな人なのかを少しずつ学んでいったんだ。

*

数年後、アメリカへやってきて初めて『トランスマン』という言葉を教わった。
サウンドエンジニアでその頃付き合っていたガールフレンドが教えてくれたんだ。
最初はそのことをうまく飲み込めなかったし、フィリピン含め世界中のファンにうまく説明する自信もなかったけれど、彼女が近くにいるときはいつも素の自分でいさせてくれたからだんだん自然に出せるようになってきた。

「いっその事名前を変えてみようと思うんだ！」
僕は思い切って彼女に言ってみた。
僕と彼女の二人だけの間では以前からいろいろな名前で呼びあっていたけれど、やっぱり自分にしっくりくる名前で活動したいという思いは僕の中で大きくなっていった。
本当にいろんな名前を試したんだ。
例えばクリスチャン。
彼女はそれを略して『ヤン』とか『イヤン』とか呼んでいた。
しばらくするとカイルって名前もかっこいいなって思うようになった。
けれどもいざカミングアウトするまでには、冗談ではなくってちゃんと一番しっくりくる名前を決めておかなくちゃならなかった。
僕は焦ってこれまで自分につけてきた名前を思い出してみたんだけれど、どうもこれだと思えるものがなかった。

クリスチャンも中途半端な感じに思えてきた。

鏡の前で自分自身を見つめながら深く呼吸をして、どんな名前が僕にとって一番ふさわしいかをじっくり考えてみた。

「僕にぴったりの名前を見つけるんだ。僕のイメージを一番良く言い表す名前を」

アメリカじゃ、性的指向とかに関係なく名前を変えることができる。もし自分の名前を変えたくなったら、裁判所に行って手続きをするだけなんだから。

最初に思い浮かんだのは『ザイラス (Zyrus)』だった。これは今、僕のステージネームにもなっている。

この二音節の単語を頭に響かせてみると、なんだか稲妻に打たれたような気分になった。

「いいじゃないか！」

もう嬉しくて仕方なかった。

けれども公表する直前になって、

「待てよ、やっぱり名前って姓と名のひと組が要るよな！」

って思うようになった。

なにかずっと欲しくてたまらなかったものをやっと手に出来かかったような気分だった。考えてみれば

「名前って元々二つあってしかるべきものだよな？なんで気づかなかったんだろう」

そしてインスタグラムやフェイスブック、ツイッターのアカウントにつける名前を考える中で浮かんできたのが『ジェイク (Jake)』だった。

僕はジェイク・ザイラスという名前のことをあれこれ考えて
みた。
きっとバカにする奴もいるんだろうな。
(実際そんな人もいた。その中にはレズビアンで知られてい
る地元の出版編集者もいたんだ！
「なんだよそれ？」って感じだよね)
だけど全然気にしていないよ、僕は自分のために一番の名前
を考えたんだ。誰がどう言おうと関係ないさ。
以前に考えていた名前の時は不安でしょうがなかった。
みんなが
「クリスチャンなんてありきたりな名前」
って言い出したらどうしよう、
「カイルなんてお前には似合わねえよ」
って言い出したらどうしようってね。

ジェイク・ザイラスを思い浮かべた時もきっとみんな笑うん
だろうなって思ったけれど、この名前は僕に本当にぴったり
だと思ったんだ。毛糸の手袋を手にはめた時みたいにね。
だから迷うことはなかったよ。
ジェイク・ザイラス。
さあ名前は決まった。残るは僕の体だけだ。

＊

僕の恋愛遍歴を辿ってみると僕がどうして性別適合手術を受
けなければならなかったかがよくわかる。
成長するにつれ、僕の体は恋人との付き合い方に大きく影響

するようになった。手術をした今となっては笑い話だけれど、その頃の僕は白馬に乗った騎士のつもりでいた。空想の中でその役を演じることに取り憑かれていたってわけじゃなくて現実に。

まだ女の子の体だった頃から、僕はいつも相手の女の子を王女さまのように接してきた。かなり「奥手」なやり方でね。僕は彼女を護ってやりたかったし、何か彼女のためになることをしてあげたかった。つまり僕は彼女にとって最良の彼氏でいたかったってわけさ。けれども僕の体はまだ女の子のままだったから、なんだかとってもぎこちなかった。

見た目も女の子だったから、周囲に
「お前には無理なんだよ」
「なんだってこいつは女のくせにマッチョな役をやりたがるんだ?」
って思われているようでとっても気になった。

いけないのは僕の体と心が不一致だったってことなんだ。僕の本当の姿を認めてほしかったのに……。

心の葛藤に僕はもううんざりしていた。
僕はみんなのことを疑心暗鬼になって、それで無性に腹が立ってしょうがなかった。
僕は精神的に不安定だった。
好きな女の子と出かける時には楽しいデートを想像するものだけれど、それすらうまくできなかった。
近所に気になる評判の男前がいるんだけれど、その彼が実は自分は『トンボイ』なんだってカミングアウトしたなら、君

だったらどう思う？　仮にその彼が本当に自分は男だと思っていたとしても。

僕が自分の中で葛藤しているのは体が本来の僕じゃないってことなんだ。

僕が求めているのは大それたことじゃないんだ。仲間と一緒に車を洗いに行ったり、くだらないダジャレを言いあったりしたいだけなんだ。

時々男の子の仲間入りをさせてくれって言ってるんじゃなくて、僕っていう人間は隅から隅まで本当に男なんだよ。

僕は自分の彼女にとって素敵なボーイフレンドでありたいだけなのに、そんな一面を見せようとするだけで僕は相当思い切らなきゃならなかった。つまり僕は自分に全然自信がなかったんだ。

外科手術を受けてだんだん僕の肉体が男になっていくにつれて、僕はどんどん本当の自分になっていくような感じがしていた。とうとう僕は待ち望んでいた体を手に入れたんだ。理想の男の体をね。

外見と内面が一致したらなんでも思った通りできるようになった。もう後でくよくよすることもなくなった。新しい僕の体は僕に自由を与えてくれたんだ。

僕の自由は戦って勝ち取るものだった。まずは神様に問いかけることから始まった。本当に皮肉なことだった。

神様は僕のあずかり知らぬところで僕に天性の声を与えた。僕は素晴らしい声を持つ女の子として生まれたんだ。その声

のおかげで僕は大成功を収めた。世界中にファンができた。ありえないくらいの報酬も得た。

けれども同時に、神様は僕に男でありたいという願望も持たせたんだ。それは世界中を魅了した声のように目立つものじゃなかったけれど、僕にとってそれは天性の声と同じくらいに大きな問題だった。

僕は天才シンガー、シャリースでいるために、ありのままの自分でいることを抑えつけていたんだ。それは僕の内面を食い荒らしていった。僕がシャリースとして生きている間はいやがおうにもつきまとう秘密だった。

僕は神様に対して口汚い言葉をぶつけたことだってある。

「このクソッタレが！」

全く神様も冗談きついよ。

神様が僕だけに与えてくれた類稀なる才能のために、僕は赤の他人でいなければならなかったんだから。

実際、もう神様を信じることをやめようと思った時さえあった。けれども神様はしっかり僕の文句を聞いていたようだ。神様は答えとして僕が自殺しようとしても生き永らえさせた。そのおかげで僕は今、本当の自分自身になれたってわけさ。

＊

今にして思えば、僕に起こったことは、つまりはこういうことだったんだ。

もし僕の人生が最初からスムーズに行っていたら、神様が最初から間違えることなく僕を男の子として世に送り出してい

たら、僕は何事もなかったように平凡な人生を送っていただろう。

けれども闘うような人生がなかったら、今の僕もなかったに違いない。いろいろなことへの挑戦があって今の僕があるんだ。いつか歳をとって子供でも持ったなら、その子に僕の生い立ちを話して聞かせようと思う。

神様は僕に特別な役割を与えたんだと思う。女の子として生まれてきた僕が男になっていく様を見てみたかったのかもしれない。僕がそれをやりきるか見てみたかったのかもしれない。僕の意志の強さを試したのかもしれない。

そして今、僕はいつも神様が見ていたってことに気づいているんだ。3回も自殺しようとしたけど、その度に神様がやってきて首を横に振り、僕に次のチャンスを与えた。最後に自殺しようとした時、もし僕がまんまと成功していたなら、もし神様が僕の自殺を止め損なっていたら、僕は強くて、寛容で、堂々とした人間になった僕自身を見ることもできなかったんだから。

シスジェンダーの男の子たちとっては、僕なんか全然男なんかじゃないそうだ。僕の SNS アカウントに書かれたコメントを見てみると、

「女の子を妊娠させることもできない僕は男なんかじゃない」
って言いたいらしい。

彼らに言わせれば、女の子を妊娠させられること、とにもかくにもそれが男っていうものらしい。笑っちゃうね、まあ全

然気にしてないけどさ、人それぞれだから。

僕はよくこんなアドバイスをするんだ。
「男の子とデートするときは、その子に僕のことをどう思っ
てるのか訊いてみるといいよ、LGBTQIA+ について彼の考
えを訊いてみるといいよ、そうすればその男の子がどんな子
なのか、君のパートナーとして相応しいかどうかがわかるか
ら」
ってね。
頼り甲斐のない馬鹿な奴に限って僕のことをこき下ろすんだ。
あいつは俺たちとは違うってね。
彼らが聞かされてきた理想の男の子像、無知で古めかしい男
の子像と僕とを照らし合わせているのさ。僕が男に性別移行
することが、奴らのおちんちんの存在意義を脅かそうとして
るって思ってしまうんだろうね。そんな奴と付き合っている
子は本当に哀れだよ。子供でもできた日にはもっと悲惨だ。
逆に僕について訊かれても、ちょっと肩をゆすって
「彼の人生だから彼の好きにすればいいんじゃない？　やり
たいようにやってるんだから」
っていう奴もいる。
そいつはいい奴だよ、滅多にいないけれど。
心からそう思ってるかどうかはその人の目を見ればわかるよ。
そういう人は最初から他人の生き方にズケズケ入り込んでき
たりはしないんだ。

男の子の心を持って生まれてきたのに、僕は男になるために

戦わなくちゃならなかった。自ら男であることを獲得しなく
ちゃならなかった。それは大変な道のりだった。なのに世の
中には僕を去勢させたがる男たちがいるのが僕にはどうして
も理解できないんだ。
自分が男である。それだけでいいじゃん？
立派なおちんちんもついてるんだから。
生まれた時からちゃんとおちんちんもあって良かったと思わ
なきゃ。
よっぽど暇なのか、僕が外科手術を受けたのは僕が『男とヤ
る気持ち良さを知らない処女』だからって SNS に書き込ん
でくる奴もいる。そんな奴に限って同じ書き込みの中に神様
の存在まで持ち出すんだ。

これまで一度も自分の性に向き合ったことがない人もいるけ
れど、僕はそれについてとやかく言う気はない。けれど、そ
れは僕にとっては自分自身であるために必要なことだったん
だ。
僕は男であることを勝ち取った。しかしそれで終わりじゃな
い。もっと勝ち取らないくちゃならないことがこの先もいっ
ぱいあるんだ。僕は取りに行くよ。

男であるということは闘い続けるということ。毎日誰かから
いじめられる。学校に行ったら誰かに自分の椅子を占領され
ていたようなもの。そんな時はこう言ってやるんだ。
「好きにしろよ、じゃあ俺は先生の椅子にでも座るとするか」

毎日が闘いだ。だけど
「なんで毎日いじめるんだよ？」
とは思わないようにしている。
そのかわり、こう思うようにしてるんだ。
「お前はどうなんだ？　お前の存在意義ってなんなんだ？
おちんちんか？　だから僕に刃を向けるのか？　じゃあ僕が
おちんちんをつけたらどうする？　それで終わりなのか？
僕に嫉妬してたのはそんなことだったのかい？」

僕は常に何かと闘っていなくちゃならない。そのために生き
ているようなものさ。そのために毎朝起きて1日が始まるの
さ。
僕が死んだ時、みなにこう思わせてやるんだ。
「奴は戦士だ、奴は勇士だ。
ちくしょう、奴はなんだってやっちまう！」

CHAPTER 8

Little Big Man
小さな巨人

Life can still be painful, but I can face it because I'm finally facing it as me.

人生は苦難の連続だけれど、僕は乗り越えられるよ。
だって今僕は『本当の僕自身』なんだから。

『シャリース死す』
僕が自分の新しいステージネーム　ジェイク・ザイラスを公表した時、新聞にはこんなセンセーショナルなヘッドラインが踊った。笑ってしまった。なんだか僕がシャリースを殺して、真夜中に裏庭で彼女の小さな体を埋めた犯人みたいじゃないか。

いろいろとドラマティックに書き立てられることが多いけれど、僕がシャリースはもういないという時、それはそのままシンプルにそういうこと。それ以下でも以上でもない。
僕はもうロングヘアじゃないし、もうあの声じゃない。
シャリースの『章』は終わったんだ。後戻りすることはない。
もちろん今でももう一度僕にシャリースの声と顔になってほしいと思う人はいっぱいいる。そんな彼らにはいたってシンプルで的確なアドバイスをしてるんだ。
「Youtube を見てくれ」

シャリースのヒット曲やライブを何度も再生してノスタルジーに浸っている人もいる。シャリースはインターネットに保存されているからいつでも最高のパフォーマンスが観られるし、高い声だってパワフルで完璧に歌い上げている。ビデオだから途中で声を枯らすことも疲れたりすることもない。観客を沸かせたときはいつものようにはにかんだ微笑を浮かべてそれに応える、そこがいかにもフィリピンという貧しい国の田舎から出てきた少女というイメージに結びつくんだ。気の毒なことにその人たちは今目の前に立っているシンガー

を見ておろおろするに違いない。すっかり『僕自身の声』に
なったシャリースを見て。

この本を書いている今は、乳房の切除手術を受けて男性ホル
モンを投与するようになってから1年余りになるけれど、僕
の声、あの世界を沸かせた声はすっかり変わった。この間、
僕は急激に低くなって嗄れていく声にじっと耐えたんだ。喉
が軋んで話すことが全然聞き取ってもらえないこともあった。
それでも徐々に安定してきた。
僕の声はよく言われるように『壊れてしまった』んじゃない。
一言で言うならば『深く』なったんだ。
聞かれれば
「僕の声は以前より良くなったよ、どの音程でも僕の心の本
質を感じ取ってもらえるよ」
と答えている。
僕のコンサートに来て実際に聴いてみてほしいな。僕はもう
誰かのふりをしたりしていないし、目一杯自分自身を出して
るんだ。歌もダンスもね。時にはギターをかき鳴らしたり、
ショーの幕間、スクリーンに映像のアトラクションが映し出
されている間、ステージから飛び降りてファンとセルフィー
を撮りあったりもするんだ。

今、コンサートでは僕はショーン・メンデスやマイケル・ジャ
クソン、カート・コバーンをレパートリーに入れているんだ。
体と心のアイデンティティが一致して以来、所属事務所も必
ず僕にぴったりな曲を選曲してくれるようになった。もう誰

も選曲と僕の声に違和感を持つものはいなくなった。今まで
みたいに四苦八苦する必要はなくなったんだ。
僕はリラックスして所属しているレーベル Star music の
ディレクターが選んでくる曲を待っていればいいだけになっ
た。
トランスマンとして活動してからは彼らは素の僕に合う曲を
探せばいいだけだからね。

フィリピンの音楽シーンでは本当に人に恵まれている。レー
ベルメイトはいつも僕のライブにゲスト出演してくれてス
テージを盛り上げてくれる。
若手シンガーのイニーゴ・パスクアル＊ともステージで最高
に盛り上がることができた。

　＊イニーゴ・パスクアル (Inigo Pascual)：1997 年生まれの若手シン
　　ガー、2016 年にデビューアルバムをリリース。フィリピンを代表
　　する俳優ピオロ・パスクアルの長男。

以前はとてもじゃないがそんなことできっこないと思ってい
たことも叶えることができたんだ。フィリピンのR&Bクイー
ン、カイラ＊、彼女とはデュエットで僕が男性パートを歌わ
せてもらったし、僕のメジャーコンサート『ジェイク・ザイ
ラス：ミュージック＆ミー＊＊』じゃセリーヌ・ディオンと
アンドレア・ボチェッリの『祈り』をアメリカンアイドル＊
＊＊のファイナリストで旧友のジェシカ・サンチェズ＊＊＊＊と
デュエットした。ジェシカは僕とこの曲を歌うためにわざわ
ざアメリカから駆けつけてきてくれたんだ。本当に感謝して

いる。

　＊カイラ (Kyla)：1998 年デビューのフィリピンを代表する R&B 系女
　　性シンガー。
　＊＊ジェイク・ザイラス　ミュージックアンドミー (Jake Zyrus：
　　Music&Me)：2018 年 5 月 25 日にメトロマニラはケソンシティに
　　あるスカイドームで行われたジェイク・ザイラス名義での 2 回目
　　のメジャーコンサート。
　＊＊＊アメリカンアイドル：2002 年からアメリカで開催されている
　　新人オーディション番組。視聴者に投票権がある参加型番組では
　　最大のもので、この番組は現在トップシンガーとして活躍してい
　　るアーティストを多数輩出している。
　＊＊＊＊ジェシカ・サンチェズ (Jessica Sanchez)：1995 年生まれの
　　アメリカ人シンガー。フィリピン人の母とメキシコ系アメリカ人
　　の父を持つ。2012 年のアメリカン・アイドル (米国の新人オーディ
　　ション企画) で 2 位に入賞 (アジア系シンガーでは歴代最高位) し
　　た後、母親の母国フィリピンを度々訪れ、現地のアーティストと
　　コラボレーションしている。

以前の僕は今とはまるで違っていた。フィリピンの芸能界と
ぷっつり縁が切れていた頃は。

あのころの僕は気難しくて人を寄せ付けなかった。もしどこ
かで僕のことを見かけたとしても、ひとりで携帯電話をいじ
りながら誰と話すわけでもなくぼんやりしていただろう。僕
は対人恐怖症だったんだ。嫌な奴だったかもしれない。何も
かも一人で抱え込んでいたからイライラしてどうしようもな
かったんだ。楽屋で急に塞ぎ込んだかと思ったら椅子に座っ
ておいおい泣き出すわで周りにも迷惑をかけたと思う。周囲
ときちんと向かい合うことができずにすぐキレてしまったん
だ。扱いにくい奴だと思った人もいただろう。正直、そう思

われても仕方なかった。

誰も近寄ろうとしなかった。他のアーティスももちろん。

トランスマンになった後は、周囲も僕のことを変わったなと思ったそうだ。今は誰かにあいさつされればちゃんとお返しするさ。ABS-CBN ＊ のみんなにだってあいさつは欠かさない。

＊ ABS-CBN：ジェイクがシャリース時代から在籍しているレコードレーベル Star music の親会社。フィリピンの最大手テレビネットワーク ABS-CBN を筆頭に映画製作の Star Cinema はじめ有力紙 Philippine Star、メジャー FM / AM 局などを傘下に収めるマスメディア系のコングロマリット。

「なんだか幸せそうだな」

みんな気づいてくれた。

僕がレーベルメイトのスターたちと話をするようになると急に仲間が増えた。

先輩のジェッド・マデラ ＊、若手のマテオ・グィディッチェリ ＊＊、イニーゴ・パスクアル、ケイ・キャル ＊＊＊、そして新人のミグス・ハレコ ＊＊＊＊だ。以前は口を聞くこともなかったのに。

＊ジェッド・マデラ (Jed Madela)：1977 年生まれ。2003 年にアルバムデビューしたバラードシンガー。日本で活躍しているビバリー (Beverly Caimen) も優勝して話題になったアメリカ開催のコンペティション WCOPA(World Championship of Performing Arts) でフィリピン人初の優勝者となった。

＊＊マテオ・グディッチェリ (Matteo Guidicelli)：1990 年生まれのイタリア系フィリピン人シンガー・俳優・モデル。フィリピンで最も人気のあるアイドルでポップスター・プリンセスと呼ばれて

いる女性シンガー　サラ・ヘロニモ (Sarah Geronimo) と婚約し注
　　目されている。
　＊＊＊ケイ・キャル (Kaye Cal)：フィリピン南部、ミンダナオ島最大
　　の都市ダバオ出身の若手シンガー・ソングライター。レズビアン
　　である事をカミングアウトしている。
　＊＊＊＊ミグス・ハレコ (Migz Haleco)：2016 年デビューのシンガー・
　　ソングライター。

トップスターの一人イェン・コンスタンティーノ＊が僕に相
談してきた。彼女の弟もトランスジェンダーで、彼をどうサ
ポートしたらいいのかわからなかったんだ。

　＊イェン・コンスタンティーノ (Yeng Constantino)：1988 年生まれ。
　　2007 年のデビューシングル「Hawak Kamay」のビッグヒットで
　　知られる人気女性ポップシンガー。日本でも人気が高い。

世界的なブロードウェー女優のレイア・サロンガ＊は僕がイ
ンターネットでバッシングされているところを救ってくれ
た。彼女はツイッターで僕のことを攻撃していた奴らを追っ
払ってくれたんだ。本当に感謝している。

　＊レイア (レア)・サロンガ (Lea Salonga)：1971 年生まれ。ミュー
　　ジカル女優・シンガー。ミュージカル「ミス・サイゴン」でヒロイ
　　ン役を務め世界中の注目を浴びる。ミュージカル「アラジン」
　　のアニメ版 (映画版) でジャスミン姫の歌を担当。世界的なヒット
　　曲「A Whole New World」のオリジナルシンガー。

それから、ビジネスマンで車好き、今はトランスジェンダー
の女性、男性時代はイアン・キングという名前で知られてい
た親友のアンジー・キング。僕たちはお互いの肉体の変化に

ついて語り合ったんだ。アンジーは最近肌にハリが出てきたこと、僕は男性ホルモンの影響でニキビができはじめたことなどをね。

＊

ミュージック・ミュージアムで行なったトランスマンとしての初めてのコンサート＊ではエリック・サントス＊＊もお忍びで来てくれていた。

> ＊コンサート：2017年10月6日にメトロマニラはCubao(クバオ)にあるコンサートホールMusic Museumで行われたジェイク・ザイラス名義の初のメジャーコンサート。
> ＊＊エリック・サントス(Erik Santos)：1984年生まれの男性シンガー。2004年デビューアルバムをリリース。フィリピン屈指のバラードシンガーとして活躍。

僕は彼のヒット曲『I'll Never Go』をソロで歌う予定だったんだけれど、マネージャーが密かにデュエットアレンジに変えていた。エリックはそっとステージに現れていきなり二番から歌いはじめたんだ。これには僕もびっくりしてしばらくその場で固まってしまった。だってエリック・サントスは僕の一番のアイドルだったから。彼は夜中10時の出番まで僕に見つからないようにじっと隠れて待ってくれていたんだ。エリックはシャリース時代のフィリピンでのファーストコンサートにもゲストで来てくれていたんだけれど、ジェイク・ザイラスとしてのファーストコンサートにも逃さず参加してくれた。
2018年の5月にスカイドームで行なった『Music & Me

コンサート』には KZ・タンディンガン*もサプライズで登場してくれた。舞台袖から彼女は『One Call Away』のサワリの部分を歌いはじめた。それからヒールの高い赤いブーツ姿の彼女がステージに現れた。そのサプライズ演出は僕とKZ がデュエットするアレンジだったと思うけれど、僕は感極まってしまって声が全然出なかった。僕は彼女の手にすがり、ハグされてその場に泣き崩れた。結局 KZ は一人で全部歌いきったんだ。

> *ケイジー・タンディンガン (KZ Tandingan)：1992 年生まれの女性シンガー。オランダ発祥のオーディション番組「X-Factor」のフィリピンフランチャイズ版で優勝。2013 年にデビューアルバムをリリース。

コンサートには僕のファンクラブ『ジェイクスター』のみんなも集まってくれていた。みんなはステージに上がってきて持ってきたネオンで大きく僕の名前を作ってくれたんだ。
KZ はこの先何があっても、僕が何度名前を変えても変わらず僕を支えるって言ってくれた。

*

僕に批判的な人は今でもたくさんいる。しかしそうじゃない人、僕のことを受け入れてくれただけじゃなくって僕のために闘ってくれる人もたくさんいるんだ。特にフィリピン国内の芸能界じゃみんな僕のカミングアウトを待っていてくれたみたいだ。みんな僕のことをよくわかっていて、あとは僕が自ら宣言するだけだったんだ。

シンガーとしての知名度や、セレブリティとしての成功を願うのならば、シャリースとして活動するほうがずっとよかっただろう。シャリースはマネージャーにとっても夢のような存在だった。やることといえば衣装を決めてヘアスタイルを整えメイクアップを施すだけ。あとは彼女の歌が観客を魅了してくれた。

シャリースに批判的な人もいたけれど、ジェイク・ザイラスのそれに比べたらかわいいものだった。

当時、毎日目が醒めるとまず考えることは

「さあ今日もシャリースの仮面を被るとするか！」

僕は自分自身に言い聞かせていた。

『こんなこといつまでも続くわけじゃないんだ』

『たかが3曲じゃないか』

『今日はコンサート一本だけだから』

声をポーンと張り上げて、ステージをちょっと歩き回り、時にはお尻も振ったり……そしてその日が終わる。

仕事が終わったらさっさとメディアの目の届かない自分の殻に引きこもって僕自身に戻るんだ。シャリースはステージ上では爆竹みたいに弾けたかもしれないけれど、それは表向きだけで実は中身のない抜け殻のようなものだった。だからいつまでもシャリースの仮面を被り続けるのは僕にとっては拷問だった。

けれども一つだけ言っておかないといけないことがある。

とくに今でもシャリースのことを好きでいてくれる人たちへ。

僕は決して自分がシャリースだったことを否定しない。シャ

リースは僕の人生の一部なんだからね。僕が男性に性別移行しようと僕がシャリースとして成し遂げたことは変わらないんだ。マディソン・スクエア・ガーデンでセリーヌ・ディオンと一緒に歌ったことも、オプラが僕のことを『世界一才能のある少女』って呼んでくれたことも、ミュージカル『グリー』で主役のレイチェル・ベリーと対決したことも……それら全てはシャリースとして経験したまぎれもない事実なんだから。今、僕はジェイクとしてシャリースの栄光を追いかけようなんてさらさら思っていないよ。もしそうなろうとしても正直無理だろうしね。

芸能人としてはジェイクはシャリースとは正反対な存在なんだ。僕は人々を魅了するためにもっと努力しなくちゃならない。
男としても、僕は世間でステレオタイプに言われているような意味では魅力的じゃない。だから僕の外見はいつも批判されるし僕の性意識はこき下ろされるんだ。
「何てみっともないんだ」
とか、
「見るのも嫌だ」
っていうコメントは今でもしょっちゅうさ。
芸能界じゃ見た目がまず取り沙汰されるからね。
腹の立つことだけれど、そんな声とも上手く付き合っていかないと……とも思うんだ。だって自分で選んだ道だから。
僕はジェイクとして、僕を見にきてくれたファンとどうすれば一緒に楽しめるのかやっと少し分かりかけてきたところ

さ。そしてシャリースの頃と違うのは今の僕は全身全霊を込めて挑戦出来てるってことなんだ。今は自分自身に正直でいられるからね。

僕は今、クリエーターとしての経験も積んでいるところなんだ。もうディーヴァの歌は演っちゃったからね。それでどんな音楽が僕に合うのか色々試しているんだ。かなり色々なジャンルの音楽を歌ってみたけれど、どれもいいものばかりさ。ひとつ僕が意識しているのが、選曲するのにその時来てくれているオーディエンスのことを考えること。40代、50代のお客さんがメインならマイケル・ブーブレを歌うとか、平日の夜若者たちが集まるパーティならばオルタナティブ系のロックで決めるとか。もちろんクラブならば EDM だって演っちゃう。やっていくうちに何がいいのかわかってくると思うし、慣れてくればずっと簡単にできるようになると思うんだ。

それに僕は今歌うことが心底楽しくてしようがないんだ。その気になったら3時間だってぶっ通しで歌えるよ。以前なら1時間って言われたらきっちり1時間だけ歌ってた。それは多分のど自慢大会に出ていたころの癖が抜けてなかったせいだろうね、なにしろすごいプレッシャーだったから。自分の出番が終われば大会が早く終わってくれとただひたすら待っていたんだ。今は時間とか全然気にしなくなったよ。ただ歌いたいだけ歌う。ファンと一緒に盛り上がれば1時間半がすぐに2時間半とかになっちゃうんだ。

マネージャーのカールが教えてくれたんだけれど、僕のコンサートに来てるマスコミがなんだか変わっているらしい。通常、地元のマスコミはコンサートの最初の1時間くらいを収録したらさっさと撤収するものらしいけど僕のコンサートに来たマスコミは仕事が終わっても最後までショーを見て帰るんだそうだ。彼らによると、一曲聞いたら次の曲が待っていられなくなる、僕が男の声で次の曲をどんな風に歌うのか興味津々らしい。

*

ジェイク・ザイラスはシャリースほどのビッグスターじゃない、少なくとも今はまだ。シャリースは母親に大きな家を建ててやったし、アメリカでトータル1600万ドルも稼いだ。

けれども僕は人は金と名声でいかに変わっていくのかをこの目で見た。それも僕のすぐそばにいる人たちが、だ。
アメリカ時代、僕に新しい企画が持ち込まれる度に家族がゾンビのように蘇ってきたんだ。僕はいつも他人のために働いていた。そしてみんなは僕が汗水垂らして稼いで来た金に嬉々としてぶら下がっていたんだ。
その裏で僕はといえば、苦しみにのたうちまわるだけで稼いだ金で楽しむことすらできなかった。挙げ句の果てに、僕が本音を漏らした途端、彼らは踵を返して僕から去って行った。正にこれが僕がアメリカでの活動をストップすると言った時に起こったことなんだ。多くの人が僕の前からいなくなった。

今の僕にはとてもじゃないが1600万ドルも稼ぐ力はない。けれどこれだけは言える。僕はシャリースよりも満たされているよ。シャリースは自分の価値を金額に置き換えて知ることができた。だけどそれだけさ。シャリースは自分の価値をその手で確かめることもできなかったし、稼いだ金で楽しむこともできなかったじゃないか。シャリースは自分が稼いだ金で母親のために家も建ててやった、車も買ってやった。けれどもそれらはみんな自分のものじゃなかった。いざシャリースが車に乗ろうと思ったら、母親の許しをもらわなくちゃならなかった。母親はシャリースのお願いを断ることさえあったんだ。

ようやく今、僕は自分の家を持つこと、自分の車を買うことがどういうことなのかわかってきた。僕はもう何不自由ないくらい稼いでいるわけじゃない。それでいいんだ。日々の生活に追われてあくせくと働いている方が、山ほど稼いだ金をあっという間に他人に使われてしまって腰を抜かすよりよっぽどマシなのさ。

今、僕は生まれて初めて自分自身の家を持った。豪邸じゃないけれど。しかしそれは確かに僕の家なんだ。僕が僕自身でいられる住処なんだ。半二階建ての家で近所も静かだ。メトロマニラにあるのにどこか田舎に住んでいるみたいなんだ。僕は家を思い通りに使っている。二階に寝室が三つあるんだけれど、僕は一階に自分のベッドを置いた。起きたらすぐにキッチンで食事できるようにね。なんだかマンション暮らしが性に合っているみたいなんだよ。それから僕と彼女は家の

２階にある主寝室をジムに改造した。そこにルームランナーとかを置いた。けれども部屋の配置はいつも変わっている。僕は２、３ヶ月もすると模様替えをしたくなるんだ。ツアーに出るといつも新しいアイデアが浮かんでくるから帰ってきたらそれを試してみるんだ。

*

コーヒーテーブルの上にはいつもニルヴァーナの CD を置いているんだ。いつでも彼らの音楽を聴けるように。それともう一つ、どんなに落ち込んでも取り返しのつかないことをしでかさないようにね。

iMac とレコーディング用の機材はカウチの横の机の上だ。そのすぐそばには電子タバコ*を置いている。作曲をしながらタバコが吸えるからね。

＊電子タバコ：ジェイクは液体型の電子タバコ（VAPE）でリキッドはニコチン無しのものを使用している。

僕は二匹の犬を飼っている。まだちっちゃくて二匹ともオムツをしているんだ。チャコイとエグシー。チャコイは僕の以前の名前と弟の名前コイコイをミックスしてつけた。エグシーは小型犬のパグで額のシワのところが灰色の縞模様になっているから『アッシュ・ウェンズデー』っていうあだ名で呼ぶこともある。

机の引き出しにはゲームボーイが山ほど詰まっている。動かなくなったものはリビングのポスターやトロフィーの横に置

いてあるんだ。

僕はフィリピン版『ウォーク・オブ・フェイム』＊のレプリカも持っていて、シャリースのは前からあったんだけれどジェイクのも最近手に入れたよ。どこに立て掛けようかまだ決めてなくてとりあえずテレビの後ろに置いているんだ。

　＊フィリピン版『ウォーク・オブ・フェイム』：ケソン市のイーストウッド・シティにあるハリウッド・ウォーク・オブ・フェイムを模したフィリピン版。フィリピンの映画・音楽で活躍したスターの名が星形プレートに刻まれている。

＊

「20年以上も自分自身のことで闘い続けたことにどんな意味を感じているか」

だって？

僕自身も一言では上手くいえないんだ、それは感覚の問題、自由であるということの感じ方の問題だから。人はみな自由でありたいと思っているだろうけれど、自分にとって自由とはどういうものなのかはっきり言える人は少ないと思う。何からの自由なのか？

人にとっての幸福とは何か、それはどこにあるのか、かならずしもみんなわかってるわけじゃないからね。

けれども自分自身の幸福という点においては、僕はわかっているつもりだ。僕は自分の生きたいように人生を生きている時が一番幸せだし、そのために命懸けになれる。それから、僕のことを愛してくれるパートナーがいること、あとは家族みたいに思える友達に囲まれてること。これはボーナスみた

199

いなものかな。

けれども全てに満足しているわけじゃないんだ。ジェイクとしての人生はやっと今幕が開いたばかりさ。生きていく中でこれからもいっぱい乗り越えなきゃならない壁にぶち当たるだろう。今だって問題山積。多分これからもずっと。

税金も払わなくちゃならないしバッシングも受ける。自分自身を変えていかなくちゃならないこともあるし有名人として対応していかなくちゃならないこともある。いつも楽しいことばかりとは限らないさ。

人生は苦難の連続だけれど、僕は乗り越えられるよ。だって今僕は『本当の僕自身』なんだから。僕は心の中に本当に安らげる場所を見つけたんだ。だからたとえ今日一人ぼっちで死んでしまうとしても、カウチに静かに腰を下ろして、じっとその時を待っているだろう。

自分自身の人生を生きたって思えること、それが大切さ。

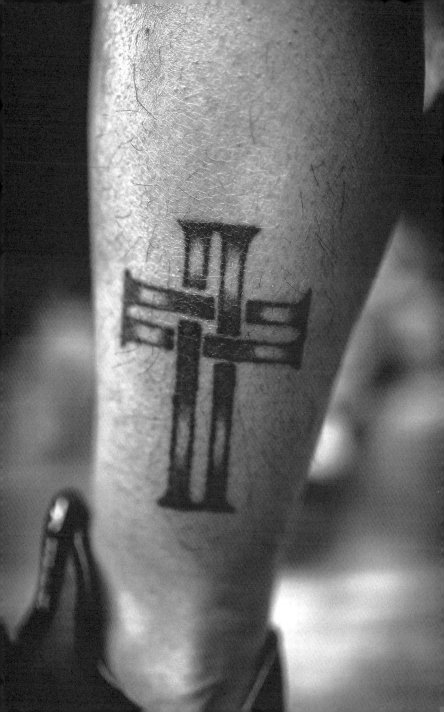

Salamat

感謝

この世界を創った神様ににまずは感謝をしなくちゃ。神様は僕にいろんな試練を与えてくれた。

僕の人生の一つは確かに終わったけれど、こうしてまた新しい人生を歩みだしているんだ。

神様のお与えになった試練が、形を変えて今僕がこうしていられる恩恵となっているんだ。

それから僕の人生を支えてくれた二人のかけがえのないサポーター、整形外科医のマニー先生、ピア先生ご夫妻にも。この二人がいなかったら外科手術を受けて本当の僕自身になるという夢は叶わなかっただろう。僕にとって外見と内面をぴったり合わせることはとても重要なことだったのだから。お二人のおかげでその夢が現実ものになった。

それからママ、カール、テスおばあちゃん、この３人がいなかったら今のように強くは生きられなかっただろう。みんなといることで経験した苦しみも喜びも、全てが僕の人生が向かう先を指し示してくれた。

ネネンおばさん、物心ついたときから一緒にいてくれてありがとう。おばさんは道を踏み外しそうになる僕たちをずっと見守ってくれた。

モネットねえさん、僕とママとカールにしてくれたことはずっと忘れないよ。

パパへ。パパはもうこの世にいないけれど、僕は死ぬまでパパの愛情を感じながら生きていくよ。この本をパパに読んでもらうことはできないけれど、パパがどこにいようと僕がこの本を出せたことを誇りに思ってくれていると信じている。

　ペンペンコ一家のみんな、僕がフィリピンに帰ってきた時

温かく迎え入れてくれて本当にありがとう。僕がトランスジェンダーをカミングアウトした時も味方になってくれた。家族の大切さをしみじみ感じたよ。

マネージャーのカール・カブラル、それにダイアナ・アルス・ホセねえさん、なんども失敗したけれどその度に助けてくれた。本物の家族として僕が探し求めていた「愛」を与えてくれた。本当にありがとう。二人がマネージャーと友達でいてくれることに心から感謝してる。ありがとう！

イサ、トロイ、ブロ - ブロ、クリスティーナねえさん、アメリカの友達みんな、それに僕を支えてくれているフィリピンの北から南までいる僕のサポーターのみんな、本当にありがとう。

メイトを含め僕のパートナー、シャイアの家族のみなさん、いつも僕の味方でいてくれて本当にありがとう。

コーテン・エンタープライズのマロウ・ドールスさんとアレックス・ティンさん、それにジュンリー・サラ・バシグシグさん、この本のための取材では本当にお世話になりました。

アンヴィル出版の皆さんにも心からの感謝を捧げます。ジェネラル・マネージャーのアンドレア・パシオン・フローレスさん、この本の出版企画を申し出てくれて本当にありがとう。僕に自信を付けさせてくれましたし守ってもくれました。アンドレアのおかげで僕はすべての真実を告白することができました。

アニー・ハブランさん、原稿の校正では大変おせわになりました。

ジョーダン・サントスさんと JP メネセスさん、この本の素

晴らしい装丁をデザインしてくれてありがとう。

ポウ・マカタンガイさん、この本の出版にあたり貴重な助言どうもありがとうございます。

アイリッシュ・クリスチャンヌ・ディゾンさん、遅くまで僕に付き合ってくれてどうもありがとう。辛抱強く僕の話を聞いていただいたことといつも変わらず支援してくれたことに心から感謝しています。

ケイト・デ・レオンさん、僕の話をうまく引き出してくれました。どうもありがとう。

ハヴィエール・フローレスさん、僕のヴィジョンをうまく写真に収めてくれました。力強く説得力のある写真はこの本の内容の多くを語ってくれています。

愛犬のチャコイとエグシー、この本は読めないだろうけれどいつもそばにいてくれてありがとう。僕にとってかけがえのない存在だよ。どんな苦しい局面にいても君たちといるおかげでほっと肩の荷が降りるんだ。

最後に、僕のパートナー シャイアへ。

いつも僕と僕の犬チャコイとエグシーのそばにいてくれてありがとう。君はいつも僕のやることを支えてくれるし、君がいてくれるおかげで寂しい思いをしないで生きることができてる。君に出会ってから僕の人生はハッピーなことばかりさ。僕が今幸せなのは君のおかげだよ。

Life After Life
思い出。そして今。

This is not the Golden City entrance
I remember; but, just the same,
the place brings back mixed
emotions.

ゴールデンシティの入り口はすっかり変わっ
てしまっているけれど、ここに来ると今でも
あの頃を思い出して複雑な心境になる。

思い出。そして今。

Seeing my name above the gate
makes me feel like I own the
school! ☺ I will always have fond
memories of this place because
it is where I got to be a kid.
Thanks to my supportive teachers
and classmates.

小学校の正門に刻まれた僕の名前を見るとまる
で僕がこの学校のオーナーみたいだな！（＾＾）
優しかった先生やクラスのみんなのおかげでこ
こは僕が一人の平凡な子供でいられた場所とし
ていつまでも忘れないだろう。

209

My house now is the first place
I can truly call home.
It's everything I dreamed of.
It's the perfect size.
I have the freedom to arrange the
furniture the way I want to.
Most importantly, I share it with the
love of my life and our two baby doggies.

今の家は僕が心の底から「我が家」と思える初めての場所なんだ。大きさもちょうどいいし、いつも思い通りに模様替えできる。

なによりここには愛するパートナーと二匹の仔犬がいるんだ。

思い出。そして今。

We treat Chacoy and Eggsy like our
children. These two are our stress
relievers and they just know when
my partner and I are not feeling good.
This shot was taken on Father's Day
2018.

僕たちはチャコイとエグシーのことを本当の子供の
ように思ってる。
僕たちが喧嘩とかしていたらすぐにすぐに察して気
持ちを癒してくれるんだ。
この写真は 2018 年の父の日に撮ったもの。

This wall in my living room reflects my interests; Kurt Cobain and Nirvana, gaming, and vintage-looking stuff. The poster for my first concert as Jake is also up there because that event was very significant to me.

リビングの壁は僕のお気に入りでいっぱい。

ニルヴァーナのポスターやゲーム、ビンテージっぽいものなんか。

ジェイクとして初めて演ったコンサートのポスターも貼ってるんだ。これは僕にとって大切な思い出だからね。

思い出。そして今。

This is the woman who changed
my life. I will always be grateful
for everything she's done for me.
Oprah is a real-life fairy godmother.

僕の人生を変えてくれた女性と。
彼女がしてくれた全てのことにいつも感謝して
るんだ。
オプラは正にディズニー映画から飛び出してき
たフェアリー・ゴッドマザーなんだ。

Since transitioning, I've been making new
memories as Jake! This spot is where I
put up pictures from memorable firsts:
winning my first award, celebrating special
holidays with my life partner and friends,
attending my cousin's family day and
more milestones.

性別適合手術を受けてから、ジェイクとしての思い出もたく
さんできた。

ここには思い出深い写真を貼ってるんだ。

初めて音楽賞を受賞した時、パートーナーや親友たちと過
ごした特別な日々、従兄弟のファミリー・デイ*に行った時
……そのほかいっぱい。

思い出。そして今。

* ファミリー・デイ (family day)：生徒、教師、保護者が参加するフィ
  リピンの学校行事。日本の学校の運動会と参観日をミックスした
  ようなイベント。

■著者　ジェイク・ザイラス（Jake Zyrus）
シンガー・ソングライター
1992年フィリピン・ラグナ州生まれ。
2008年フィリピンで女性シンガー　シャリース(Charice／フィリピン発音：チャリース)としてアルバムデビュー。2010年全米デビューアルバム「Charice」をリリース、アジア人初のビルボードアルバムチャートトップ10入りを果たす。2013年自身をレズビアンとカミングアウト、米国での活動をストップしフィリピンへ帰国。2016年シャリース名義最後となるアルバム「カタルシス(Catharsis)」リリース。
2017年トランスジェンダーであることを公表、性別適合手術を受ける。ステージネームをジェイク・ザイラス（Jake Zyrus）に変更し男性シンガーとして活動を開始、2019年9月ジェイクザイラス名義初のアルバム「Evolution」をリリース。

■訳者　藤野　秋郎（ふじの　あきろう）
1965年東京生まれ　関西学院大学文学部卒。
1999年フィリピンの首都マニラでOPM(フィリピンポップス)に出会う。
2006年フィリピンの音楽CD、映画DVDを日本に紹介するオンラインショップを立ち上げ。CD, DVDの輸入・販売と併行してフィリピン映画の字幕製作、フィリピン芸能記事の連載執筆などを手掛ける。

歌姫の仮面を脱いだ　僕（シャリース／ジェイク）

2020年4月20日　初版1刷発行　定価2,400円＋税

著　　者　ジェイク・ザイラス
訳　　者　藤野　秋郎
発　　行　柘植書房新社（つげ）

　〒113-0001　東京都文京区白山1-2-10-102
　TEL03（3818）9270　FAX03（3818）9274
　郵便振替00160-4-113372
　https://tsugeshobo.com
装　　幀　市村繁和（i-Media）
印刷・製本　創栄図書印刷株式会社
乱丁・落丁はお取り替えいたします。　ISBN978-4-8068-0733-9 C0023